AF296328

MODÈLES DE TAXES.

MODÈLES DE TAXES

SUR PLUSIEURS POINTS CONTROVERSÉS,

EN MATIÈRE CIVILE

D'APRÈS LES RÈGLES LE PLUS GÉNÉRALEMENT ADOPTÉES

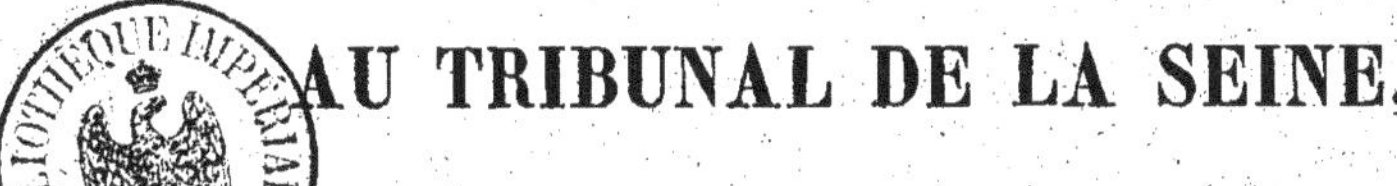

AU TRIBUNAL DE LA SEINE.

PARIS

IMPRIMERIE DE A. GUYOT ET SCRIBE,

RUE NEUVE-DES-MATHURINS, 18.

1856.

MODÈLES DE TAXES

SUR PLUSIEURS POINTS CONTROVERSÉS,

EN MATIÈRE CIVILE

D'APRÈS LES RÈGLES LE PLUS GÉNÉRALEMENT ADOPTÉES

AU TRIBUNAL DE LA SEINE:

Lois, Décrets, Ordonnances
ou
DÉCISIONS DIVERSES
APPLICABLES
à chaque Article.

N° 1.

PROCÉDURE DE LICITATION ET PARTAGE.

Arrêt de Paris du 23 août 1851.

Arrêt de cass. du 25 avril 1854.

Lorsqu'il n'y a contestation que sur l'opportunité du partage, ou sur la manière d'y procéder ou de le terminer, les frais sont taxés comme en matière sommaire (art. 823, Code Nap.); et l'objet du litige peut être considéré comme d'une valeur indéterminée.

Mais le droit d'obtention de jugement doit être augmenté en raison du nombre des parties en cause ayant des intérêts contraires.

V. *L'instance sommaire.*

On suppose ici une contestation qui rend la cause ordinaire.

La même taxe est applicable dans toutes les affaires ordinaires.

§ Ier.

Frais du demandeur en partage.

Décret du 16 février 1807, art. 21, § 8.

1. — Citation en conciliation, s'il n'y a pas plus de deux défendeurs en cause et s'ils sont majeurs (art. 49, Pr. civ.);

Original. 1 50
Chaque copie, le quart . . . . » 38
Timbre, enregistrement et droit d'appel de cause. . . *Mémoire.*

La partie doit comparaître en personne.

Si, en cas d'empêchement, elle se fait représenter par un mandataire, elle doit supporter les frais du pouvoir et de la vacation.

Décret de 1807, art. 69.

2. — Coût du procès-verbal de non conciliation :

Timbre de la minute. . . . . » 35
Timbre de l'expédition 1 25
Droit d'expédition à Paris . . . . 1 »
    Id.   dans les cantons ruraux . . . . . » 80
Enregistrement et décime. 1 10
Décime temporaire (loi du 14 juillet 1855, art. 5). . . » 10

Décret de 1807, art. 10.

Lois du 22 frim. an VII, art. 68, § 1, n° 47; et du 6 prair. an VII.

3. — Requête pour abréger les délais, s'il y a lieu à quelque mesure provisoire (art. 72, Proc. civ.);

Présentation de la requête et retrait de l'ordonnance. . 3 »
Timbre. . . . . » 35
Enregistrement de l'ordonnance et décime. 3 30
Décime temporaire. . . . . » 30
                             6 95

Décret de 1807, art. 77, § 1.

Loi du 28 avril 1816, art. 44, § 10.

Loi du 14 juillet 1855, art. 5.

4. — Droit de consultation. . . . . 10 »

Décret de 1807, art. 68.

5. — Assignation avec copie, soit du procès-verbal de non conciliation, soit de la mention de défaut portée sur la citation, soit des requête et ordonnance pour abréger les délais, soit de toutes pièces à l'appui de la demande (art. 65, Proc. civ.):

Original . . . . 2 »
Par chaque copie. . . . . » 50
Enregistrement et décime par chaque demandeur ou défendeur ayant un intérêt distinct. 2 20
Décime temporaire. . . . . » 20
Timbre, original et une copie . . . . » 70
                             5 60

Décret de 1807, art. 27, § 2.

Loi du 22 frimaire an VII, art. 68, § 1, n° 30, et loi du 28 avril 1816, art. 43, § 13.

Loi du 14 juillet 1855, art. 5.

Copie de pièces, par rôle de 400 syllabes (20 lignes à la page et 10 syllabes à la ligne). . . . . » 25
En cas de domicile inconnu, pour la copie affichée qui doit comprendre tous les défendeurs dénommés dans l'original dont le domicile est inconnu. . . . . . . » 50
Pour celle remise au parquet, par chaque partie assignée » 50
Visa au parquet ou à la mairie, quel que soit le nombre des copies remises . . . . 1 »

Décret de 1807, art. 28.

Décret de 1807, art. 66, §§ 4 et 5.

Au cas d'assignation dans un hôtel garni, l'huissier ne doit pas se contenter de la déclaration que le défendeur a quitté l'hôtel; il doit rechercher son domicile habituel sur le registre de police et interroger le détenteur de ce registre.

Décret du 29 août 1813, art. 1.

Les copies des pièces doivent être correctes et lisibles, à peine de rejet de la taxe et de 25 fr. d'amende contre l'huissier.

Décret du 29 août 1813, art. 2.

Chaque feuille de papier timbré à 35 cent., ayant 35 lignes par page, peut contenir dix rôles de copie de pièces.

Transport, s'il y a lieu :

Décret de 1807, art. 67, § 2 et 3.

Arg. arrêt de rejet du 18 avril 1854.

Arg. décret du 18 juin 1811, art. 92.

Pour parcours de 5 à 12 kilomètres, conformément au tableau des distances de clocher à clocher approuvé par la Préfecture de la Seine, le 14 juillet 1852, aller et retour. 4 »

Par chaque demi-myriamètre en sus, ou au moins 3 kilomètres. . . . . 2 »

S'il y a des copies à signifier dans plusieurs communes, il faut additionner toutes les distances de clocher à clocher séparant chaque commune, en commençant par la plus proche et revenant au point de départ, et prendre ensuite la moitié du parcours total pour déterminer l'émolument de l'huissier.

Si l'assignation est donnée par un huissier résidant hors de Paris :

Décret de 1807, art. 27.

Original. 1 50

Par copie. . . . . » 38

Visa, s'il y a lieu. . . . . » 75

Décret du 14 juin 1813, art. 48.

L'huissier doit toujours mentionner, en marge de l'original, le nombre de rôles des copies de pièces et le détail de tous les frais de l'exploit.

Décret du 14 juin 1813, art. 35.

Il doit notamment indiquer quelle portion des droits de transport entre dans ces frais, lorsque plusieurs exploits ont été signifiés dans le même lieu.

Circulaire de M. le Procureur général du 22 décembre 1854.

Cette mention doit être reproduite dans une colonne spéciale du répertoire.

6. — Visa de la demande au greffe.

Décret de 1807, art. 90, § 15.

Id. du 24 mai 1854, art. 1er, § 12.

Id. du 24 mai 1854, art. 3, § 3.

Vacation. 1 50

Visa. . . . . » 25

Timbre du registre. . . . . » 15

Décret du 30 mars 1808, art. 69; arrêt de Nîmes du 3 janv. 1855.

7. — Placet contenant les conclusions de la demande. . . 3 »

8. — Mise au rôle.

Décret de 1807, art. 90, § 1.

Loi du 21 ventôse an VII, art. 3 et 19.

Loi du 6 prairial an VII.

Loi du 14 juillet 1855, art. 5.

Décret de 1807, art. 152.

Vacation de l'avoué. 1 50

Droit de greffe, y compris 30 cent. pour la remise du greffier. . . . . 3 »

Décime en sus. » 30

Décime temporaire. . . . . » 30

Droit d'appel de cause pour les huissiers audienciers. . » 30

Décret du 24 mai 1854, art 4. **9.** — Bulletin de distribution. . . . . » 10

Il n'est pas dû de vacation pour cette distribution qui s'opère par les soins du greffier aussitôt après la mise au rôle.

Décret du 30 mars 1808, art. 63. S'il s'élève quelque difficulté sur la distribution, elle doit être réglée sans frais.

Décret de 1807, art. 79, § 2. **10.** — Avenir pour suivre l'audience (art. 79, Proc. civ.) :

Original. . . . . 1 »
Par chaque copie. . . . . » 25
Timbre, original et copie. . . . . » 70
Loi du 28 avril 1816, art. 41. Enregistrement, par chaque avoué, et décime. . . . » 55
Loi du 14 juillet 1855, art. 5. Décime temporaire. . . . . » 05
Décret de 1807, art. 156. Signification, par chaque copie. . . . . » 30

 ──────
 2 85

Décret de 1807, art. 156. Si la signification est faite à heure datée, ce qui ne doit avoir lieu qu'en cas d'urgence bien justifiée, par chaque copie. . . . . 1 »

Décret de 1807, art. 83. **11.** — Vacation à l'audience. . . . . 3 »

Décret de 1807, art. 91, § 1. **12.** — Vacation à communiquer les pièces et à les retirer. 3 »

13. — Avenir pour faire conclure au fond quand il n'a été posé que des conclusions exceptionnelles.

Décret de 1807, art. 70, § 2. Comme à l'art. 10. . . . . 2 85

Id. de 1807, art. 1. Quand les conclusions au fond, posées à l'audience, soulèvent des questions graves et nombreuses, et quand elles n'ont pas été signifiées, on alloue au demandeur une sommation de signifier les défenses. 2 85

14. — Bulletin de remise et vacation à l'audience.

Comme aux articles 9 et 11. . . . . 3 10

Quel que soit le nombre des bulletins de remise, il n'est alloué que trois vacations par chaque année judiciaire et par chaque jugement.

Décret de 1807, art. 73, § 1. **15.** — Requête contenant réponse aux défenses.

Décret de 1807, art. 72, § 1. Original, par chaque rôle, pourvu qu'il contienne 600 syllabes (25 lignes à la page et 12 syllabes à la ligne). 2 »

Par chaque copie, le quart de l'original.

Timbre proportionné au nombre des rôles passés en taxe.

Enregistrement et signification, comme à l'article 10 ci-dessus.

Décret de 1807, art. 72, § 2. Copies de pièces, s'il y a lieu, par chaque rôle de 600 syllabes. (Chaque feuille de papier timbré à 35 c. peut contenir huit de ces rôles). . . . . » 30

— 8 —

16. — Plaidoirie de l'avocat.

Décret de 1807, art. 80.

    Pour un jugement contradictoire. . . . . 15 »

Décret de 1807, art. 82, § 2.

    Pour un jugement par défaut. . . . . 5 »

Le surplus restant à la charge du client.

Délibérat. du conseil de l'ordre des avocats du 5 dec. 1654.

Cet article doit être supprimé dans le cas d'assistance judiciaire.

17. — Assistance de l'avoué à la plaidoirie de l'avocat.

Décret de 1807, art. 86, § 1.

    Pour un jugement contradictoire, par chaque journée de plaidoirie, et en outre pour assistance au jugement, s'il est remis à un autre jour. . . . . 3 »

Décret de 1807, art. 82, § 2.

    Pour un jugement par défaut. . . . . 1 »

Décret de 1807, art. 86, § 2.

    Si c'est l'avoué seul qui obtient le jugement contradictoire. . . . . 10 »

Décret de 1807, art. 90, § 2.

18. — Vacation à communiquer les pièces au ministère public et à les retirer. 1 50

Décret du 30 mars 1808, art. 83.

Cette communication doit être faite avant l'audience et constatée par un visa de M. le substitut sur l'exploit introductif d'instance.

Décret de 1807, art. 87, § 2.

19. — Qualités du jugement contradictoire, qui ne doivent contenir ni les motifs des conclusions, ni les faits inutiles pour l'intelligence du jugement.

    Original. 7 50

    Par chaque copie, le quart. 1 88

    Timbre . . . . *Mémoire.*

Enregistrement et signification, comme à l'art. 10.

Décret de 1807, art. 87, § 1.

Si le jugement est par défaut, il n'est dû, outre le timbre, que. 3 75

Décret de 1807. art. 18.

Et les qualités ne peuvent être signifiées, lors même que le défaut a été prononcé contre avoué, faute de conclure au fond.

Décret de 1807, art. 70, § 9.

20. — Sommation à avoué de se régler sur l'opposition formée aux qualités, comme à l'art. 10. . . . . 2 85

21. — Coût de la grosse du jugement. . . . . . . *Mémoire.*

La grosse contient ordinairement la liquidation de tous les droits d'enregistrement et de greffe perçus tant sur la minute que sur l'expédition.

22. — Signification à avoué :

    Timbre, enregistrement et signification, comme à l'article 10.

    Aucun acte d'avoué n'est nécessaire pour constater cette signification.

Décret de 1807, art. 89.

    Copie du jugement, par rôle. . . . . » 30

Décret de 1807, art. 29, § 2. **23.** — Signification du jugement à la personne ou au domicile de chacune des parties en cause, et du subrogé-tuteur des mineurs, s'il y en a, pour faire courir le délai de l'appel (article 444, Proc. civ.) :

Original. . . . . 2 »
Par chaque copie. . . . . » 50
Enregistrement, timbre et copies de pièces. . . . . *Mémoire.*

Décret de 1807, art. 145, § 1. **24.** — Droits de port de pièces et de correspondances, si l'un ou plusieurs des demandeurs sont domiciliés hors de l'arrondissement. 10 »

Sinon, il n'est dû que les déboursés justifiés.

Décret du 16 février 1807 sur les frais de taxe. **25.** — Droit d'état.

Par article. . . . . » 10
Timbre . . . . *Mémoire.*

Si l'un des défendeurs a fait défaut.

Décret de 1807, art. 82, § 1. **1.** — Obtention du jugement de défaut profit-joint. . . » 3

Décret de 1807, art. 87, § 1. **2.** — Qualités du jugement.

Rédaction 3 75
Timbre. . . . . *Mémoire.*

3. — Coût de la grosse. . . . . *Mémoire.*

4. — Signification à domicile, avec réassignation.

Comme à l'art. 23 ci-dessus. . . . . *Mémoire.*

5. — Avenir aux avoués en cause, avec mention du jugement de défaut profit-joint.

Comme à l'art. 10 ci-dessus. . . . . *Mémoire.*

Si le demandeur prétend qu'il y a lieu d'interroger l'un des défendeurs sur faits et articles.

(Article 325 du Code de procédure civile.)

1. — Requête contenant les faits articulés pour avoir permission de faire procéder à l'interrogatoire.

Décret de 1807, art. 79. Rédaction et présentation de cette requête et obtention du jugement. . . . . 15 »

2. — Coût de la grosse du jugement, si l'interrogatoire a été ordonné. . . . . *Mémoire.*

La requête contenant les faits articulés tient lieu de qualités pour ce jugement.

3. — Requête présentée au juge commis, pour indication du jour de l'interrogatoire.

Déc. de 1807 arg., art. 76.

Rédaction et présentation de la requête et retrait de l'ordonnance.   2   »

Timbre de la requête. . . . .   »   35

Enregistrement de l'ordonnance et décime.   3   30

Loi du 14 juillet 1855, art. 5.

Décime temporaire. . . . .   »   30

4. — Signification au domicile de la partie qui doit subir l'interrogatoire tant du jugement que de l'ordonnance d'indication de jour, avec sommation de comparaître devant le juge au jour indiqué.

Décret de 1807, art. 29.

Original et copie.   2   50

Timbre, enregistrement et décimes. . . . . *Mémoire.*

Décret de 1807, art. 89 et 72.

Copie de pièces, par rôle de jugement, et, pour le surplus, par rôle évalué de 600 syllabes. . . . .   »   30

5. — Coût de l'expédition du procès-verbal d'interrogatoire. . . . . *Mémoire.*

6. — Signification à avoué, s'il y en a, ou à domicile, dudit procès-verbal. . . . . *Mémoire.*

Décret de 1808, art. 72.

Copie, par rôle évalué de 600 syllabes. . . . .   »   30

Si le Tribunal ordonne une expertise.

1. — Obtention du jugement qui ordonne l'expertise, nomme les experts et désigne le juge commissaire. — V. ci-dessus art. 16 à 23. . . . . *Mémoire.*

2. — Requête au juge commissaire, afin d'indication de jour pour la prestation de serment des experts (art. 307, Proc. civ.).

Décret de 1807, art. 76, § 9.

Rédaction et présentation de la requête et retrait de l'ordonnance.   2   »

Timbre de la requête, enregistrement de l'ordonnance et décimes. . . . . *Mémoire.*

Décret de 1807, art. 70, § 8.

3. — Sommation par acte d'avoué d'assister à la prestation de serment.

Comme à l'art. 10 qui précède. . . . . *Mémoire.*

Décret de 1807, art. 72, § 2.

Copie des requête et ordonnance, par rôle évalué de 600 syllabes. . . . .   »   30

Décret de 1807, art. 91, § 8.

4. — Vacation à la prestation de serment.   3   »

Décret de 1807, art. 70, § 24.

5. — Sommation, par acte d'avoué, aux parties non présentes ni représentées à la prestation de serment, d'assiter à l'expertise (art. 315, Proc. civ.).

Comme à l'art. 10 ci-dessus. . . . . *Mémoire.*

Ordonn. du 10 oct. 1844, art. 1 et 10.

6. — Vacation à prendre communication du procès-verbal d'expertise, qui ne doit être ni signifié ni même expédié.   6   »

7. — Coût de la minute du rapport. . . . . . . *Mémoire.*

Décret de 1807, art. 92, § 12.

Les vacations et les dires de l'avoué à l'expertise, lorsqu'il a été expressément requis par son client, ne peuvent être répétés que contre ce dernier et ne doivent pas entrer en taxe.

La taxe du président ou du juge délégué par lui doit fixer, d'après les notes fournies par les experts, les honoraires alloués à chacun d'eux, en déterminant le nombre des vacations, ainsi que le montant intégral de leurs déboursés.

Aucun expert ne doit transcrire dans son rapport le jugement qui l'a commis, mais seulement indiquer la date de ce jugement et l'objet précis de sa mission.

Avis de la Commission des officiers ministériels du 18 janvier 1854.

Les dires remis aux experts ne doivent jamais être transcrits dans le rapport, mais seulement annexés à la suite, si les parties le requièrent.

8. — Coût de l'acte de dépôt.

Loi du 28 avril 1816.
Loi du 14 juillet 1855. art. 5.
Loi du 21 ventôse an VII.

Loi du 6 prairial an VII.
L. du 14 juillet 1855, art. 5.
Décret du 24 mai 1854.
Décret du 24 mai 1854.
Décret du 24 mai 1854.

Enregistrement de l'acte et décime.	3	30
Décime temporaire.	»	30
Droit de rédaction, y compris 12 c. 1/2 pour la remise du greffier.	1	25
Décime sur le droit de greffe.	»	12 1/2
Décime temporaire.	»	12 1/2
Droit du greffier	1	50
Timbre de l'acte.	»	40
Timbre du répertoire et mention.	»	25
	7	25

Ordonnance de 1841, art. 1er.

9. — Droit de communication du rapport et du cahier de charges. 12   »

10. — Conclusions afin d'entérinement ou de rectification du rapport d'expert.

Ordonn. du 8 oct. 1841, art. 10.

Original non grossoyé.	7	50
Par chaque copie.	1	88

(V. pour le surplus, l'art. 10 ci-dessus.)

11. — Placet.

Décret du 30 mars 1808, art. 69.
Décret de 1807, art. 152.
Id. ; arg. art. 90.

Rédaction.	3	»
Droit des huissiers audienciers.	»	30
Vacation à le déposer et à le faire viser au greffe. . . .	1	50

Décret de 1807; arg. art. 70, § 2.

12. — Avenir pour conclure sur le rapport.
Comme à l'art. 10.

13. — Bulletin de remise et vacation.
Pour chacun des trois premiers bulletins. 3 10

Si le Tribunal ordonne, sans expertise préalable, la licitation des immeubles à l'audience des criées.

Ordon. du 10 oct. 1841, art. 11.
Rapport du Ministre de la justice, du 25 sept. 1841.

1. — Droit de fixation de mise à prix, quelque soit le nombre des immeubles et des lots. . . . . 25 »

Ordonnance de 1841, art. 14.

2. — Rédaction du cahier des charges.
Par chaque rôle, pourvu qu'il contienne 600 syllabes (25 lignes à la page et 12 syllabes à la ligne). . . . 2 »
Timbre proportionné au nombre des rôles passés en taxe. *Mémoire.*

Ordonnance de 1841. art. 14.

3. — Vacation à le déposer au greffe. . . . . 3 »

4. — Copie collationnée sur papier libre pour être donnée en communication, soit par le greffier, soit par l'avoué poursuivant, quand la mise à prix est de 25,000 fr. au moins.
Par rôle de 600 syllabes. . . . . » 25

5. — Coût du dépôt.

Ordonnance de 1841, art. 1er.
Déc. du 24 mai 1854, art. 1, § 7.
Déc. du 24 mai 1854, art. 3, § 2.

Enregistrement du cahier des charges et décime. . . . 1 10
Décime temporaire . . . . » 10
Droit de communication par le greffier. . . . . . . 15 »
Droit du greffier pour l'acte du dépôt. 1 50
Timbre dudit acte. . . . . » 40
Enregistrement d'icelui et décime. 3 30
Décime temporaire. . . . . » 30

Décr. du 12 juill. 1808, art. 1, § 1.

Droit de greffe, y compris 12 c. 1/2 pour la remise du greffier 1 25
Décime sur le droit de greffe. . . . . » 12 1/2

Loi du 6 prairial an VII.

Décime temporaire . . . . » 12 1/2

Déc. du 24 mai 1854, art. 1, § 14.
Déc. du 24 mai 1854, art. 3, § 3.
Décret du 24 mai 1854, art. 9.

Droit de répertoire. . . . . » 10
Timbre dudit. . . . . » 15
Droit d'état. . . . . » 10
                                                 ――――
                                                 23 55

Ordonnance de 1841, art. 10.

6. — Sommation faite aux colicitants, dans la huitaine du dépôt, de prendre communication du cahier des charges.
Original. . . . . 1 »
Par chaque copie. . . . . » 25
Timbre, enregistrement et signification, comme ci-dessus.

Ordonnance de 1841, art. 11   **7.** — Placard.

Rédaction. . . . . 6 »

Enregistrement et décime. 1 10

Décime temporaire. . . . . » 10

Timbre, suivant la dimension.

Ordonnance de 1841, art. 11   **8.** — Publicité légale. -

Rédaction de l'extrait à insérer au journal désigné. . . . 2 »

Vacation à le faire insérer . . . . 2 »

9. — Coût de l'insertion, d'après la quittance du journal, qui comprend l'enregistrement de l'exemplaire légalisé. *Mémoire.*

Ordonnance de 1841, art. 11   **10.** — Vacation à faire légaliser par le maire la signature de l'imprimeur. . . . . 2 »

11. — Frais d'impression d'affiches, d'après la quittance de i'imprimeur, suivant la dimension des affiches, savoir :

Affiche quadruple, 1er cent, 68 fr.; chaque autre cent. 26 »

Affiche double format, à 10c.,

   1er cent 33   chaque autre cent. 13 »

Format dit à 10 c., ordinaire,

   1er cent 16   chaque autre cent. 6 »

Petit format, 1er cent . . . 12   chaque autre cent. 4 »

Outre les formats intermédiaires, employés très-rarement.

Timbre des affiches pour la publicité légale, dont le coût doit être attesté par le receveur, en exécution de l'arrêté du 10 mai 1853. . . . . *Mémoire.*

Il est alloué à l'imprimeur, pour la vérification du timbre. . . . . 2 »

Ordonnance de 1841, art. 4.   **12.** — Procès-verbal d'apposition d'affiches dans Paris.

Coût du procès-verbal (y compris 3 fr. pour l'afficheur). 8 »

Enregistrement et décime. 2 20

Décime temporaire. . . . . » 20

Par chaque visa aux mairies. . . . . 1 »

Ordonnance de 1841, art. 4.   **13.** — Procès-verbal d'apposition d'affiches dans les communes rurales, s'il y a lieu.

Ordonnance de 1841, art. 5.   Comme à l'article précédent, outre les droits de transport de l'huissier, s'il y a lieu. (V. ci-dessus art. 5 de l'instance en partage.)

14. — Apposition d'affiches supplémentaires, qui peuvent être allouées jusqu'à concurrence de 300, quand la mise à prix des lots réunis d'immeubles situés dans Paris n'excède pas 50,000.

Jusqu'à 400, quand la mise à prix est de 50,000 à 100,000 fr.;

Et jusqu'à 500, quand la mise à prix excède 100,000 fr., ou si les biens sont en tout ou en partie situés hors de Paris.

A raison de 6, 4, 3 ou 2 fr. 50 cent. le 100, suivant la grandeur des affiches, outre 1 fr. par chaque commune, d'après la quittance de l'afficheur, dont il faut déduire, s'il les y a compris, les 3 fr. alloués pour chaque procès-verbal d'apposition des affiches légales. . . . . *Mémoire.*

Ordonnance de 1841, art. 11. **15.** — Requête afin d'obtenir l'autorisation de faire des insertions extraordinaires et de faire distribuer dans les études des affiches à la main.

Rédaction de la requête.	2	»
Timbre.	»	35
Enregistrement de l'ordonnance et décime.	3	30
Décime temporaire.	»	30
	5	95

L'émolument n'est dû à l'avoué que s'il a obtenu l'autorisation.

Cette autorisation ne doit pas être demandée, lorsque la mise à prix de tous les lots réunis n'excède pas 5,000 fr.

De 5,000 à 30,000 fr. on n'autorise pas ordinairement plus de 6 insertions dans les journaux d'annonces, et une dans le journal de la situation des biens à vendre ;

De 30,000 à 100,000 fr. on autorise au plus 12 insertions, dont 6 dans les journaux d'annonces, 4 seulement dans les journaux politiques ou judiciaires, tant que leurs tarifs ne seront pas abaissés, et 2 dans le journal ou les journaux publiés dans la ville, l'arrondissement ou le département dans lequel sont situés les immeubles ;

De 100,000 à 300,000 fr. on autorise 15 insertions au plus, dont 8 dans les journaux d'annonces, 4 dans les journaux politiques ou judiciaires , et 3 dans ceux de la situation des biens ;

Au-dessus de 300,000 fr. on autorise 18 insertions au plus, en préférant les journaux d'annonces aux journaux judiciaires et politiques, jusqu'à ce que ces derniers aient abaissé leurs tarifs.

Le mode de répartition entre les divers journaux dépend au surplus de la nature de la propriété; quelquefois, mais rarement, on autorise des insertions dans les journaux étrangers.

Quant aux affiches à la main, si la mise à prix est de 2,000 à

10,000 fr., on en autorise 150 pour les études d'avoués. Si la mise à prix dépasse 10,000 fr., on en autorise 300, tant pour les avoués que pour les notaires.

Ordonnance de 1841, art. 11. — **16.** — Publication dans les journaux d'annonces :

Rédaction de l'extrait . . . . 2 »

Vacation à le faire insérer. . . . . 2 »

Il n'est dû qu'un droit de rédaction pour tous les journaux auxquels est destiné le même extrait.

Il n'est dû qu'une vacation par chaque journal, lors même que l'extrait doit y être publié plusieurs fois.

17. — Coût de l'insertion, d'après la quittance du journal. *Mémoire.*

18. — Publication dans les journaux judiciaires ou politiques, comme aux articles 16 et 17. . . . . *Mémoire.*

Ordonn. de 1841; arg. art. 11. — **19.** — Rédaction de l'affiche à la main. . . . . 2 ».

20. — Coût de l'impression de ces affiches, d'après la quittance, qui est ordinairement comprise dans celle relative aux affiches à placarder. . . . . *Mémoire.*

21. — Distribution dans les études par les huissiers audienciers, par 150 affiches. . . . . 3 »

22. — Dire avant l'adjudication.

Ordonn. de 1841; arg. art. 7. — Vacation à faire ce dire, laquelle n'est due que si le dire a pour but de compléter ou modifier quelque clause du cahier des charges, ce qui doit être indiqué dans l'état de frais. 6 »

Timbre ajouté au cahier des charges pour ce dire. . *Mémoire.*

Ordonnance de 1841, art. 11. — **23.** — Vacation à l'adjudication pour chaque lot jusqu'à 6. 15 »

Idem. — Si tous les lots ne sont pas adjugés, vacation au jugement de remise, quelque soit le nombre des lots. . . . . 6 »

Ordonnance de 1841, art. 6. — **24.** — Droit des huissiers audienciers, par chaque lot jusqu'à 6, y compris les frais de bougie. . . . . 5 »

S'il y a remise de l'adjudication d'un ou plusieurs lots, pour le tout. . . . . 5 »

25. — Timbre de l'état de frais. . . . . *Mémoire.*

Toutes les procédures relatives aux ventes judiciaires étant sommaires, il n'est rien dû à l'avoué pour dressé de l'état de frais.

Le jugement d'adjudication peut être signifié par l'adjudicataire tant aux avoués des vendeurs qu'à leurs personnes ou domiciles, l'art. 716 du Code de procédure civile qui prohibe la signification à avoué étant spécial pour le cas de saisie.

<table>
<tr><td>Décret de 1807, art. 89.</td><td>Il est dû à l'avoué par chaque rôle d'expédition. . .   » 30</td></tr>
</table>

<table>
<tr><td></td><td>L'art. 13 de l'ordonnance de 1841 n'étant applicable qu'aux copies de pièces autres que les copies de jugements.</td></tr>
<tr><td></td><td>L'avoué de l'adjudicataire ne peut réclamer de son client aucun droit proportionnel.</td></tr>
<tr><td>Ordonnance de 1841, art. 11.
Avis de la Commission du 20 avril 1853.</td><td>La remise proportionnelle allouée tant au poursuivant qu'aux colicitants doit être calculée sur la totalité du prix, y compris les deux premiers mille francs, pourvu toutefois que le prix excède deux mille francs.</td></tr>
<tr><td></td><td>Lorsque les lots sont composés d'immeubles distincts, le montant de la remise est calculé sur le prix de chaque lot séparément.</td></tr>
</table>

Si le Tribunal renvoie la vente devant un notaire.

1. — Coût de l'extrait du jugement qui doit être remis au notaire. . . . . *Mémoire.*

2. — Rédaction du cahier des charges par le notaire.

<table><tr><td>Ordonnance de 1841, art. 14.</td><td>Comme ci-dessus pour l'avoué. . . . . *Mémoire.*</td></tr></table>

3. — Sommation de prendre communication, comme dessus. . . . . *Mémoire.*

4. — Vacation à prendre communication.   6   »

5. — Vacation de l'avoué à l'adjudication.

<table>
<tr><td>Ordonn. de 1841, art. 11 et 14.

Arrêt de cass. 11 février 1850.
   Id.   30 août   1853.
Contrà, rejet 19 juillet 1853.</td><td>Si la vente a lieu dans le département de la Seine par chaque lot jusqu'à 6. . . . . 15 »
Hors de ce département, l'avoué n'est qu'une mandataire ordinaire, et ne peut réclamer ses honoraires que du client qui a requis son assistance.</td></tr>
<tr><td>Arrêt de rejet du 5 juill. 1853.</td><td>La remise proportionnelle attribuée au notaire comprend et le procès-verbal constatant l'ajournement de l'adjudication à défaut d'enchérisseurs, et la déclaration de command faite immédiatement après l'adjudication.</td></tr>
</table>

Si le Tribunal a ordonné la liquidation.

<table>
<tr><td>Ordonnance de 1841, art. 10.</td><td>

1. — Requête afin de remplacement du juge ou du notaire commis, s'il y a lieu :

Rédaction. 3   »
Timbre. . . . . »   35
Enregistrement de l'ordonnance et décime. 3   30
Décime temporaire . . . . »   30

6   95

</td></tr>
</table>

Décret de 1807, art. 29, § 71.

2. — Sommation aux copartageants de comparaître devant le
notaire commis (art, 976, Proc. civ.)

Original.   2   »
Par chaque copie. . . . .   » 50
Timbre, enregistrement et décimes. . . . . *Mémoire.*

Décret de 1807, art. 29, § 72.

3. — Sommation aux mêmes parties d'assister à la lecture de
l'acte liquidatif.

Comme à l'art. précédent.

4. — Frais de l'acte de liquidation.

Si, dans le but d'accélérer les opérations préliminaires et de
diminuer les frais, un notaire a été désigné pour représenter
l'un des héritiers non présent au lieu de l'ouverture de la
succession, le montant des vacations de ce notaire, dont
l'assistance a profité à tous les héritiers, doit toujours être
prélevé sur la masse commune.

Si le notaire a été appelé pour représenter un présumé absent
(art. 113, C. Nap.), le montant de ses vacations devra encore
figurer au passif de la succession, mais sauf recours des co-
héritiers sur les valeurs attribuées à l'absent, toutes les fois
que le résultat de la liquidation aura démontré que celui-ci a
réellement profité du mandat judiciaire nécessité par son
absence.

Les frais de liquidation sont taxés par le juge commissaire,
d'après les notes fournies par le notaire pour mieux faire
apprécier la nature de son travail, et, s'il y a lieu, après une
conférence avec le membre de la chambre des notaires qui
a procédé à la taxe préparatoire.

Avis de la Commission du 20
avril 1853.

Cette taxe doit comprendre non seulement les honoraires et
déboursés du notaire liquidateur, mais encore les frais de
dépôt de testament, d'inventaire, de vente mobilière, et ceux
de l'instance en partage, s'ils n'ont pas été payés avec les
frais de vente, tous ceux enfin qui figurent au passif, soit
pour mémoire, soit en chiffres approximatifs, ou sont men-
tionnés dans les divers comptes rendus, soit par le notaire ou
le commissaire-priseur, soit par l'un des copartageants,
lorsque des motifs d'urgence ont empêché qu'ils ne fussent
soumis à la taxe du Tribunal avant la liquidation.

Dans tous les autres cas, la taxe préalable du Tribunal doit
être requise par le notaire liquidateur.

Lorsque le notaire a été nommé administrateur de la succession, ses honoraires, à raison de ce mandat, sont ordinairement taxés à 2 pour 100, calculés seulement sur le montant des recettes, si elles ont quelque importance.

Avis de la Commission du
1er février 1854.

L'acte de dépôt d'un testament olographe ne peut jamais donner lieu à un droit proportionnel sur le montant des valeurs léguées ; mais toutes les circonstances qui ont précédé ou suivi ce dépôt doivent être prises en considération pour la fixation des honoraires du notaire.

Avis de la Commission du
1er février 1854.

Les relevés d'inventaire pour le paiement des droits de mutation doivent être rémunérés d'après le nombre des vacations qu'à pu nécessiter ce travail.

Les notaires sont dans l'usage de ne réclamer que les droits d'expédition (3 fr. par rôle de 750 syllabes, sans distinction entre les notaires de Paris et ceux de la banlieue), toutes les fois que l'honoraire de 1 pour 100 sur l'actif partagé serait inférieur ou de très-peu supérieur à celui que le tarif alloue pour l'expédition.

Décret de 1807, art. 171 et 173.

Dans les autres liquidations, les notaires ne réclament aucun droit d'expédition. Leurs honoraires doivent être fixés par par vacations, d'après l'importance et les difficultés de l'actif liquidatif ; mais dans le but de faciliter cette évaluation, et, à titre d'indication seulement, on prend ordinairement pour base de l'honoraire du notaire une proportion résultant de l'actif net partagé, sauf diminution, si le travail n'a présenté aucune difficulté, ou augmentation, si les opérations ont offert des complications peu ordinaires.

Cette proportion est la suivante :

 1 pour cent jusqu'à 300,000 fr.
 1/2 id. de 300,000 à 600,000 fr.
 1/4 id. de 600,000 à 1,000,000 fr.
 1/8 id. au-delà d'un million.

Lorsqu'il s'agit de déterminer cette proportion, les rapports que les héritiers se font entre eux pour donations antérieures de la part de leurs auteurs sont retranchés de l'actif, à moins que l'opération n'ait presque pour objet que le règlement entre les héritiers à raison de ces rapports.

Les reprises en nature par l'un des époux ne sont comptées que si elles sont relativement considérables, et que si elles ont donné lieu à un travail important établissant les impenses et indemnités dues par cet époux.

Les reprises en deniers, de la part des époux ou de l'un d'eux contre la communauté, sont considérées comme actif, lorsqu'elles font l'objet d'attributions de valeurs communes.

Si, par l'effet de plusieurs décès successifs, l'opération comprend la liquidation de plusieurs successions dans lesquelles se reproduisent plusieurs fois les mêmes valeurs, ces valeurs ne sont comptées qu'une seule fois comme actif.

Décret de 1807, art. 92, § 38.

Quant aux honoraires dus aux avoués dans certains cas, ils sont à la charge de leurs clients et non de la succession.

Les avoués ne peuvent réclamer, même de leurs clients, aucun droit basé sur l'importance des valeurs partagées. Mais celui ou ceux qui ont eu avec le notaire des conférences préparatoires ou qui ont examiné l'état liquidatif pour éclairer leurs clients, ont droit à 6 fr. par vacation de trois heures, dont le nombre est proportionné à la difficulté de leur travail.

Décret de 1807, art. 92, § 37.

Les vacations de l'avoué poursuivant ne pourraient être comprises dans les frais de partage que si toutes les parties déclaraient l'avoir choisi pour conseil dans leur intérêt commun.

Décret de 1807, art. 188 § 9.

5. — Vacation du notaire, pour déposer au greffe le procès-verbal contenant les dires des parties, en cas de difficultés. . . . . 9 »

Cet émolument est compris dans les honoraires alloués ci-dessus pour toute la liquidation.

Il ne doit être délivré d'expédition de ce procès-verbal ni par le notaire, ni par le greffier.

C'est sur la minute que le juge-commissaire doit indiquer l'ajournement des parties (art. 977 Proc. civ.).

6. — Sommation aux parties défaillantes de comparaître à l'audience pour voir statuer sur l'homologation (art. 961 Proc. civ.)

Comme à l'article 2 qui précède,

Ou conclusions par acte d'avoué sur l'homologation. *Mémoire.*

7. — Placet :

Rédaction, selon que l'affaire est ordinaire ou sommaire . . . . 3 ou 2 »

Droit des huissiers audienciers . . . . » 30

Décret de 1807, art. 67.

S'il ne s'élève aucune contestation, l'instance en homologation est toujours sommaire, et le droit d'obtention de jugement est proportionné à la part du poursuivant dans la succession.

La suite, si l'affaire est ordinaire, comme aux articles 11 et suivants de l'instance en partage.

Décret de 1807, art. 68.

8. — Droit de conseil sur les contestations, si l'instance en partage n'a été que sommaire. . . . . : 10   »

Si toutes les parties, ayant approuvé le travail du notaire, présentent requête à la chambre du conseil.

Arrêt de Paris du 16 janv. 1855.

1. — Requête à la chambre du conseil tendant à l'homologation. Rédaction et présentation de la requête et communication au ministère public.

Décret de 1807 ; arg. art. 78.

Pour chaque avoué ayant signé la requête. 7 50
Timbre. . . . . *Mémoire.*

Décret de 1807 ; arg. art. 83.

2. — Vacation au jugement.
Par chaque avoué. 3   »

3. — Grosse et signification du jugement.
Comme ci-dessus, art. 21 et suivants.

4. — Certificat de non opposition ni appel.
Timbre et enregistrement du certificat de signification
délivré par l'avoué. 1 45
Décime temporaire. . . . . » 10

Décret de 1807, art. 90, § 13.
Vacation à le déposer au greffe 1 50
Décret de 1807, art. 90, § 14.
Vacation à requérir le certificat du greffier. 1 50
Enregistrement de ce certificat et décime. 1 10
Décime temporaire. . . . . » 10
Droit de greffe, y compris 12 c. 1/2 pour le greffier. . . 1 25
Décime sur le droit de greffe. . . . . » 12 1/2
Décime temporaire. . . . . » 12 1/2
Timbre. . . . . » 35
Décret du 24 mai 1854.
Droit du greffier. 1 50
Décret du 24 mai 1854.
Timbre du répertoire. . . . . » 15
Décret du 24 mai 1854.
Mention sur ledit répertoire. . . . . » 10

                                                        9 35

§ II.

Frais de chaque défendeur.

Décret de 1807, art. 68.
1. — Droit de consultation 10   »
Décret de 1807, art. 70, § 1.
2. — Constitution d'avoué.
Original et copie. 1 25
Timbre. . . . . » 70
Enregistrement, décime et signification . . . . » 85
Décime temporaire. . . . . » 05

                                                        2 85

Décret de 1807, En cas d'abréviation des délais, assistance de l'avoué à
l'audience pour demander acte de sa constitution. . . 1 50

Il n'y a lieu à contre-signification que par la partie au profit de laquelle le Tribunal a prononcé quelque condamnation, outre les dépens, et seulement à celles des parties qui avaient conclu contre elle et qui ont signifié le jugement avec réserve de l'appel.

Décret de 1807, art. 145

21. — Droit de correspondance, s'il y a lieu :

Par chaque jugement interlocutoire. . , ... 5 »

Par chaque jugement définitif. . . . . , . 10 »

Ordonnance de 1841, art. 10.

22. — Droit de fixation de mise à prix, s'il n'y a pas eu d'expertise, quel que soit le nombre des immeubles et des lots. . . . . 25 »

Ordonnance de 1841, art. 10.

23. — Vacation à prendre communication du cahier des charges . . . . 6 »

Ordonnance de 1841, art 11.

24. — Vacation à l'adjudication.

Par chaque lot, jusqu'à six. . . . . 15 »

Ordonnance de 1841, art. 11.

25. — Vacation au jugement de remise, quel que soit le nombre des lots. . . . . 6 »

26. — Droit de conseil sur les contestations relatives à l'homologation de la liquidation, mais seulement lorsque l'instance en partage a été sommaire. . . . . 10 »

La suite comme aux art. 3 et suivants ci-dessus.

27. — Obtention du jugement d'homologation, s'il n'y a pas de contestation, proportionnellement à la part de chaque défendeur dans la succession. . . . . *Mémoire.*

Déc. du 16 fév. 1807 sur les frais de taxe.

28. — Dressé de l'état de frais des instances ordinaires :

Par chaque article . . . . » 10

Timbre . . . , ... *Mémoire.*

Nº 2.

DIVERS MODES DE VENTE D'IMMEUBLES.

---

§ Ier.

Poursuite de saisie immobilière.

Décret de 1807, art. 29.

1. — Signification du titre pour le rendre exécutoire contre les héritiers du débiteur (art. 877 du Code Nap.).

Original.	2	»
Chaque copie.	»	50
Enregistrement, quel que soit le nombre des héritiers, et décime.	2	20
Décime temporaire	»	20
Timbre. . . . . *Mémoire.*		

Décret de 1807, art. 28.
Déc. pour la just. de paix, art. 9.
Loi du 21 ventôse an vii, art. 6.

Copie de pièces, par rôle de 400 syllabes.	»	25

Si le titre est un jugement, chaque rôle d'expédition devant contenir de 360 à 400 syllabes, fournit à peu près l'équivalent des rôles de 400 syllabes alloués à l'huissier par le tarif.

Si c'est un acte notarié, qui doit avoir 750 syllabes par rôle, c'est à peu près le double des rôles de l'huissier.

Si le titre n'est pas représenté, on peut calculer, d'après les copies, le nombre des rôles dus à l'huissier.

Chaque feuille de papier timbré à 35 cent., ayant 35 lignes par page, contient ordinairement 10 rôles de 400 syllabes.

Décret de 1807, art. 28.

2. — Commandement tendant à rendre le capital exigible, à défaut de paiement des intérêts.

Comme à l'article précédent, mais sans copie de pièce.

3. — Commandement tendant à saisie immobilière.
Comme à l'article 1er.

Ordon. du 10 oct. 1841, art. 3.
Ord. du 10 oc. 1841, art. 5 in fine

Par chaque visa des maires.	1	»

4. — Procès-verbal de saisie.

Ordon. du 10 oct. 1841, art. 4.

Première vacation.	6	»
Pour chaque autre vacation de trois heures, si la nature de l'opération l'exige.	5	»
Timbre et enregistrement du pouvoir spécial (556, Pr. civ.).	2	55
Décime temporaire	»	20
Copie du pouvoir donné ordinairement en tête du procès-verbal, deux rôles.	»	50
Par chaque visa (676, Pr. civ.)	1	»

Coût de la copie, délivrée par le receveur, de la matrice
de la contribution foncière, timbre compris. 1 10

Tarif de 1807; arg. art. 91.   Vacation à la requérir. . . . . 3 »

Enregistrement du procès-verbal et décime. 2 20

Décime temporaire. . . . . » 20

Timbre . . . . *Mémoire.*

Tarif de 1807, art. 66.   Transport, par parcours de 5 à 12 kilomètres, aller et
Ord. de 1841, art. 5.   retour, conformément au tableau des distances du
14 juillet 1852. . . . . 4 »

Tarif criminel,   arg. art. 92.   Par chaque demi myriamètre en sus, ou au moins 3 ki-
du 18 juin 1811.   lomètres. . . . . 2 »

N. au surplus, l'art. 6 de l'instance en partage.

Ordonnance de 1841, art. 4.   **5.** — Dénonciation de la saisie.

Original. 2 50

Chaque copie. » 63

Visa du maire. 1 »

Ordonnance de 1841, art. 3.   Copie du procès-verbal de saisie, par rôle de 400 syllabes . . . . » 25

Timbre, enregistrement et décimes. . . . . *Mémoire.*

Ordonnance de 1841, art. 7.   **6.** — Transcription au bureau des hypothèques de la saisie et de
la dénonciation.

Vacation de l'avoué. . . . . 6 »

Frais de voyage à Saint-Denis ou à Sceaux. . . . . . 2 »

Ou frais de correspondance, d'après quittance . . . *Mémoire.*

Ordonnance de 1841, art. 2.   Coût de la transcription, par rôle d'écriture, du conservateur, contenant 25 lignes à la page et 18 syllabes
à la ligne (en tout 900 syllabes). . . . . 1 »

Ordonnance de 1841, art. 11.   **7.** — Cahier des charges.

Droit de rédaction par chaque rôle, pourvu qu'il contienne 600 syllabes (25 lignes à la page et 12 syllabes
à la ligne). 2 »

Timbre proportionné au nombre des rôles passés en
taxe. . . . . *Mémoire.*

Ordonnance de 1841, art. 11.   **8.** — Vacation à le déposer au greffe. . . . . 3 »

9. — Copie collationnée sur papier libre pour être donnée en
communication soit par le greffier, soit par l'avoué poursuivant, quand la mise à prix dépasse 10,000 fr.

Par chaque rôle de 600 syllabes. . . . . » 25

10. — Coût du dépôt :

Comme à l'art. 5 de la vente sur licitation 23 55

11. — État d'inscriptions :

Ordonnance de 1841, art. 7.   Vacation à le requérir (art. 692, Proc. civ.) . . . . 6 »

Voyage ou frais de correspondance, s'il y a lieu. . . *Mémoire.*

Ordonnance de 1841, art. 2.   Coût de l'état par chaque extrait d'inscription. . . . 1 »

12. — Vacation à l'examen de l'état pour préparer la sommation, par chaque état contenant des inscriptions différentes.   6   »

13. — Sommation aux domiciles élus des créanciers inscrits et à la partie saisie.

Original.   2   »
Par chaque copie . . . .   »   50
Timbre, enregistrement et décimes. . . . . *Mémoire.*

On ne doit signifier plusieurs copies à la même partie que lorsqu'elle a élu pour des créances distinctes des domiciles différents dans le ressort du bureau hypothécaire de la situation de l'immeuble saisi. Quand un créancier subrogé dans une inscription n'a pas fait d'élection de domicile, on doit le sommer soit à son domicile réel, s'il est indiqué par la mention de subrogation et situé dans le ressort du bureau des hypothèques, soit au domicile élu dans l'inscription du créancier qui lui a cédé tout ou partie de ses droits.

14. — Mention de la sommation au bureau des hypothèques (693, Proc. civ.).

Vacation de l'avoué.   6   »
Coût de la mention.   1   »

15. — Vacation à la publication du cahier des charges, y compris

le dire.   3   »

16. — Droit des huissiers audienciers.   1   »

17. — Coût de la publication, d'après l'état du greffier :

Enregistrement du jugement de publication et décime.   3   30
Décime temporaire.   »   30
Droit du greffier pour réception du dire.   1   50
Timbre de ce dire . . . .   »   40
Timbre de la minute du jugement. . . . .   »   80
Mention au répertoire et timbre. . . . .   »   25
Droit d'état. . . . .   »   10
                                                      ─────────
                                                         6   65

18. — Placard.

(Voir, pour la suite, la vente sur licitation, art. 7, jusqu'à la fin, sauf à diminuer de moitié les mises à prix pour la fixation du nombre des annonces et des placards extraordinaires.

Toutes les contestations qui présentent le caractère de simples incidents de saisie sont taxées comme en matière sommaire.

Les jugements en premier ressort ne doivent être signifiés qu'à avoués (art. 731 proc. civ.).

Arrêt de Paris du 23 avril 1845.

Il n'y a jamais lieu à jugement de défaut, profit joint, aucune opposition n'étant recevable en cette matière.

(Arg., art. 731 et 739, Procédure civile).

§ II.

Vente sur conversion de saisie.

1° FRAIS DE LA PARTIE SAISIE POURSUIVANT LA VENTE SUR CONVERSION.

Ordonnance de 1841, art. 7.

1. — Requête signée de tous les avoués, tendant à la conversion de la saisie (745, Proc. civ.).

Rédaction . . . . 6 »
Timbre . . . . *Mémoire.*

Lors même que la conversion n'est prononcée qu'après la transcription de la saisie et doit être consentie par tous les créanciers inscrits, ceux-ci ne doivent pas être autorisés par le jugement à assister à la vente.

Ord. de 1841; arg. art. 7, § 7.

2. — Vacation au jugement. . . . . 3 »

3. — Coût de la grosse du jugement, qui ne doit pas être signifié (746, Proc. civ.) . . . . *Mémoire.*

4. — Extrait dudit jugement pour le bureau des hypo-thèques. *Mémoire.*

Ordonnance de 1841, art. 7.

5. — Vacation à la mention sommaire qui doit en être faite en marge de la transcription de la saisie. . . . . . 6 »

Ordonnance de 1841, art. 2.

6. — Coût de cette mention. . . . . 1 »

Ordonn. de 1841, art. 9 et 10.

Voir le rapport du Ministre de la justice du 25 sept. 1841.

7. — Fixation de la mise à prix (qui doit être portée dans la requête), quel que soit le nombre des immeubles et des lots. . . . . 25 »

Ordonnance de 1841, art. 11.

8. — Rédaction du cahier des charges.
(V. art. 7, 8, 9 et 10 de la vente sur saisie.)

Ordonnance de 1841, art. 10.

9. — Sommation à l'avoué saisissant de prendre communication du cahier des charges.

Original. 1 »
Chaque copie. . . . . » 25
Timbre . . . . » 70
Enregistrement et signification . . . . » 85
Décime temporaire. . . . . » 05
                                              ____
                                              2 85

La suite comme pour les ventes sur licitation.

Quoique en cette matière l'expertise ne soit pas facultative pour le Tribunal, puisque la mise à prix doit être fixée dans la requête, il est juste néanmoins d'allouer aux avoués la remise extraordinaire déterminée par l'art. 11 de l'ordonnance de 1841 ; car cet article paraît s'appliquer à tous les cas dans lesquels la mise à prix a été débattue entre les parties, et n'exclure que le cas de saisie.

S'il n'en était pas ainsi, les avoués seraient privés de tout émolument, lorsque la vente est renvoyée devant un notaire, contrairement au vœu de l'art. 14.

2° FRAIS DU CRÉANCIER SAISISSANT.

1. — Voir la procédure de saisie, au moins jusqu'à la transcription.

2. — Vacation à signer la requête de conversion. . . 6 »

3. — Fixation de la mise à prix, quelque soit le nombre des immeubles. . . . . 25 »

4. — Vacation au jugement. . . . . 3 »

5. — Vacation à prendre communication du cahier des charges. . . . . 6 »

Lors même que l'avoué saisissant aurait déposé un premier cahier de charges avant de consentir à la conversion, on ne passe en taxe que celui dressé par la partie saisie.

6. — Vacation à l'adjudication.

Si elle est prononcée, par chaque lot, jusqu'à 6. . . . 15 »

Si elle est remise, quel que soit le nombre des lots. . . 6 »

§ III.

Vente d'immeubles appartenant à un mineur ou dépendant d'une succession bénéficiaire.

1. — Coût de la délibération du conseil de famille, s'il y a un mineur. . . . . *Mémoire.*

2. — Requête à la chambre du conseil, afin d'homologation de l'avis de la famille. 7 50

Timbre. . . . . *Mémoire.*

3. — Coût de la grosse du jugement qui ne doit comprendre que la requête tenant lieu de qualités, et non la délibération de la famille, qui a fait l'objet d'une expédition séparée. *Mémoire.*

La suite comme ci-dessus § Ier, depuis et y compris l'art. 7.

§ IV.

Vente par suite de baisse de mise à prix

S'IL S'AGIT D'IMMEUBLES APPARTENANT A UN MINEUR OU DÉPENDANT D'UNE SUCCESSION BÉNÉFICIAIRE.

1. — Enregistrement du jugement de remise et décimes. *Mémoire.*

<table>
<tr><td>Ordonnance de 1841, art. 9.</td><td>

2. — Requête pour demander l'autorisation de la chambre du conseil (art. 963, Proc. civ.). 7 50

Timbre. . . . . *Mémoire.*
</td></tr>
<tr><td>Ordonn. de 1841; arg. art. 7.</td><td>

3. — Vacation au jugement. . . . . 3 »
</td></tr>
</table>

4. — Coût de la grosse du jugement, qui comprend la requête comme tenant lieu de qualités.

La suite comme ci-dessus.

S'il s'agit de licitation ou de conversion de saisie.

1° FRAIS DU DEMANDEUR.

1. — Enregistrement du jugement de remise et décimes. *Mémoire.*

<table>
<tr><td>Ordonnance de 1841, art. 10.</td><td>

2. — Conclusions non grossoyées, avec avenir.

Original. 7 50

Chaque copie 1 87

Enregistrement avec décime et signification, par avoué. » 85

Décime temporaire. . . . . » 05

Timbre. *Mémoire.*
</td></tr>
</table>

3. — Placet et droit des huissiers. 2 30

<table>
<tr><td>Ordon. de 1841, art. 12, *in fine.*</td><td>

4. — Obtention du jugement, comme en matière som-
maire. . . . . *Mémoire.*
</td></tr>
<tr><td>Avis de la Commiss. des officiers ministériels du 2 mars 1853.</td><td>

L'objet du litige doit être considéré comme étant d'une valeur indéterminée, quelle que soit la valeur de l'immeuble à
</td></tr>
<tr><td>Décret de 1807, art. 67.</td><td>

vendre.
</td></tr>
<tr><td>Décret de 1807, art. 67.</td><td>

5. — Qualités, levée et signification du jugement. . . *Mémoire.*
</td></tr>
</table>

La suite comme aux articles 7 et suivants, à la vente sur licitation.

La vacation de 15 fr. à l'adjudication ayant été allouée sur l'état de frais taxé avant la première tentative de vente, il ne doit être porté sur le deuxième état que la vacation à la remise.

2° FRAIS DE CHAQUE DÉFENDEUR.

1. — Conclusions signifiées (comme à l'art. 2 ci-dessus).

2. — Les mêmes jointes au placet. 2   »

3. — Obtention du jugement (comme à l'art. 4).

4. — Vacation au jugement de remise. 6   »

§ V.

Vente par suite de surenchère du sixième.

1° FRAIS DU SURENCHÉRISSEUR.

Ordonnance de 1841, art. 12.

1. — Vacation à surenchérir, quelque soit le nombre des lots surenchéris. 15   »

Si le surenchérisseur, au lieu de se présenter au greffe, a donné un pouvoir à son avoué, il doit en supporter les frais.

2. — Coût de l'expédition de l'acte de surenchère. . . *Mémoire.*

Ordonnance de 1841, art. 12.
Arrêt de rejet du 20 nov. 1851.
Paris, 16 janvier 1849.
Douai, 1ᵉʳ mars 1844.
Caen, 9 juin 1843. —
Riom, 13 juillet 1843.
Contrà. Limoges, 17 mars 1843.
Dijon, 7 août 1843.

3. — Dénonciation à avoués de l'acte de surenchère, avec avenir, pour voir procéder à une nouvelle adjudication (art. 709, Proc. civ.).

Original. 1   »

Par chaque copie. . . . . » 25

Enregistrement et décime, par chaque avoué, quel que soit le nombre de copies qu'il reçoive. . . . . . . » 55

Décime temporaire. . . . . » 05

Droit de signification, par copie . . . . » 30

Copies de pièces, par rôle de 600 syllabes. . . . . . » 30

Ordonnance de 1841, art. 13.
Arrêt de Riom du 25 mai 1838.

Si le poursuivant ou l'un des colicitants s'est rendu adjudicataire, on ne doit signifier à son avoué qu'une seule copie ; s'il est surenchérisseur, il n'y a pas lieu de dénoncer la surenchère à son avoué.

Le reste, comme à la vente sur licitation, article 7 et suivants.

4. — Timbre de l'état général comprenant les frais de tous les avoués présents à la vente. . . . . *Mémoire.*

L'avoué du surenchérisseur a droit à la remise proportionnelle sur l'excédant du prix produit par la surenchère, comme s'il formait un prix distinct, même au-dessous de 2,000 fr., pourvu que le prix total de l'immeuble dépasse cette somme.

Ordon. de 1841, art. 11 et 12.

2° FRAIS DE CHAQUE ADJUDICATAIRE SURENCHÉRI.

Ordon. de 1841, art. 11, in fine.

1. — Vacation de l'avoué qui s'est rendu adjudicataire.   15   »

Ordon. de 1841, art. 11, in fine.

2. — Vacation au greffe pour faire connaître le nom de son client, s'il ne l'a pas déclaré à l'audience même.   6   »

Les frais du pouvoir donné par le client doivent rester à sa charge.

Ordon. de 1841, art. 11, in fine.

3. — Vacation à l'adjudication, y compris le dire d'adhésion, par chaque lot concernant l'adjudicataire surenchéri.   15   »

3° FRAIS DE CHAQUE AVOUÉ PRÉSENT A LA VENTE.

Ordon. de 1841. art, 11 in fine.

1. — Vacation à l'adjudication, y compris le dire, par chaque lot.   15   »

§ VI.

Vente par suite de surenchère du dixième.

1° FRAIS DU SURENCHÉRISSEUR.

Ordonnance de 1841, art. 8.

1. — Vacation à faire au greffe la soumission de la caution et déposer les titres justificatifs de sa solvabilité. . .   3   »

2. — Coût de l'acte de dépôt. . . . . *Mémoire.*

Ordonnance de 1841, art. 4.

3. — Acte contenant réquisition de mise aux enchères, qui doit être signé par le requérant sur l'original et la copie, avec assignation à trois jours, tant au précédent propriétaire qu'au nouveau, au domicile de son avoué (art. 832, Pr. civ.).

Original.   5   »
Par copie.   1   25
Enregistrement et décime, par chaque défendeur. . .   2   20
Décime temporaire. . . . .   »   20
Timbre . . . . *Mémoire.*

Ordonnance de 1841, art. 43.

Copie de l'acte de dépôt, par rôle évalué de 600 syllabes.   »   30

4. — Placet et mise au rôle, comme en matière sommaire. . . . . *Mémoire.*

— 28 —

Quand la surenchère n'est pas contestée, le demandeur ne doit pas signifier de conclusions.

 5. — Obtention du jugement. . . . . *Mémoire.*
Lors même que la surenchère porterait la mise à prix au-delà de 5,000 fr., le droit ne peut jamais dépasser 30 fr. ; car il n'y a jamais plus de deux intérêts contraires.

6. — Qualités.
Original , le quart du droit d'obtention de jugement. *Mémoire.*
Chaque copie, le quart de l'original. . . . . *Mémoire.*
Si le même avoué occupe pour plusieurs parties, il ne doit néanmoins recevoir qu'une copie.

7. — Levée et signification du jugement. . . . . . *Mémoire.*
Il n'y a pas lieu de signifier ce jugement à domicile, si ce n'est au subrogé-tuteur, lorsqu'il n'est pas représenté par un avoué (art. 731, Proc. civ.).

 8. — Sommation à l'ancien et au nouveau propriétaire, et, s'il y a lieu , au créancier subrogé , d'assister à l'adjudication (art. 837, Proc. civ.).

Original. . . . . 2 »
Chaque copie. . . . . » 50

Timbre et enregistrement, comme à l'art. 3 qui précède.

 9. — Vacation à déposer l'acte d'aliénation qui doit tenir lieu de cahier de charges . . . . 3 »
Le reste, comme à la vente sur licitation, articles 7 et suivants.

2° FRAIS DE CHAQUE DÉFENDEUR.

 1. — Vacation à prendre communication des pièces justificatives de la solvabilité de la caution. . . . . 3 »

2. — Acte de demande en subrogation, s'il y a lieu, y compris le décime temporaire 1 60

3. — Conclusions non grossoyées, qui ne doivent être signifiées qu'à l'avoué du surenchérisseur, à moins qu'il n'y ait contestation soulevée par une autre partie 1 60

4. — Mêmes conclusions jointes au placet. . . . . . 2 »

5. — Vacation à l'adjudication, comme à l'art. 3, n° 2, de la surenchère du sixième. . . . . *Mémoire.*

§ VII.

Poursuite de vente sur folle-enchère.

1° Si c'est avant la délivrance du jugement d'adjudication.
(article 734 du Code de procédure civile).

1. — Sommation à l'adjudicataire d'assister à la délivrance du certificat de folle-enchère. 5 60

Ordondance de 1841, art. 12

2. — Vacation pour requérir du greffier ou du notaire le certificat constatant que l'adjudicataire n'a pas justifié de l'acquit des conditions exigibles de l'adjudication. . . . . . . 3 »

3. — Coût dudit certificat.

Droit du greffier sur le dire de réquisition. 1 50

Décret du 24 mai 1854.

Timbre de ce dire. . . . . » 40
Mention au répertoire et timbre. . . . . » 25
Timbre de la minute du jugement d'adjudication. . . » 80
Droit du greffier sur la déclaration d'adjudicataire (si

Décret du 24 mai 1854.

elle n'a pas été faite à l'audience). . . . . 2 »
Timbre de cette déclaration. . . . . » 40
Mention au répertoire et timbre. . . . . » 25

Les droits qui précèdent sont ordinairement perçus avec le coû de l'enregistrement du jugement d'adjudication.

Droit du greffier sur le certificat. 1 50

Décret du 24 mai 1854.

Timbre dudit. . . . . » 40
Mention au répertoire et timbre. . . . . » 25
Enregistrement du certificat et décime. 3 30
Décime temporaire. . . . . » 30

L. du 21 ventóse an vii, art. 8 et 19
Loi du 6 prairial an vii.
Loi du 14 juillet 1855.

Droit de greffe, y comprise la remise du greffier . . . 1 25
Décime. . . . . » 12 1/2
Décime temporaire. . . . . » 12 1/2
Droits de greffe sur l'expédition et remise du greffier
(ordinairement 3 rôles). . . . . 3 »
Décime. . . . . » 30
Décime temporaire. . . . . » 30
Timbre de l'expédition 2 50
____
18 95

Ordonnance de 1841, art. 3.

4. — Assignation en référé de l'adjudicataire, s'il a formé opposition à la délivrance de ce certificat. 5 60
(Cette opposition est constatée par une mention mise en marge de l'original de la sommation laissé entre les mains du greffier ou du notaire).

5. — Placet.

Rédaction . . . . 2 »

Droit d'appel de cause. . . . . » 30

6. — Vacation en référé.

S'il est contradictoire . . . . 5 »

S'il est par défaut. . . . . 3 »

7. — Coût de la minute.

Timbre des qualités . . . . *Mémoire.*

Enregistrement. 3 30

Décime temporaire . . . . » 30

8. — Droit de l'huissier chargé de l'exécution de l'ordonnance sur minute. . . . . 3 »

Ce droit ne peut être réclamé par l'huissier que lorsqu'il a fait enregistrer l'ordonnance et rétabli la minute au greffe.

9. — Obtention de l'ordonnance rendue par le Tribunal, si le référé a été renvoyé à l'audience.

Comme ci-dessus, art. 4 . . . . 5 ou 3

10. — Coût de l'expédition, si l'ordonnance n'a pas été exécutée sur minute. . . . . *Mémoire.*

11. — Signification de l'ordonnance au domicile du fol-enchérisseur.

Simple exploit . . . . *Mémoire.*

Copie de pièce, par rôle d'expédition. . . . . » 30

12. — Notification à l'avoué de l'acquéreur du certificat de folle-enchère, avec indication du jour de la nouvelle adjudication (art. 736, Proc. civ.).

Émoluments et déboursés. 2 85

Copie de pièce, par rôle. . . . . » 30

13. — Semblable notification au précédent propriétaire. . 5 60

14. — Vacation à déposer l'acte notarié tenant lieu de cahier de charges . . . . 3 »

Le reste, comme à la vente sur licitation, art. 7 et suivants.

L'avoué poursuivant la revente a droit à la remise proportionnelle sur l'excédant de prix, s'il y en a, comme en matière de surenchère.

2° SI C'EST APRÈS LA DÉLIVRANCE DU BORDEREAU DE COLLOCATION.

1. — Signification du bordereau de collocation, avec commandement.

Original et copie 2 50

Timbre, enregistrement et décimes. . . . . *Mémoire.*

Copie du bordereau, par rôle d'expédition. . . . . . » 25

2. — Notification du jour de l'adjudication à l'ancien et au nouveau propriétaire.

Comme aux articles 12 et 13 du n° 1er.

Le reste comme à la vente sur licitation.

3°. Si c'est après la délivrance du jugement d'adjudication, et avant le règlement de l'ordre.

Décret de 1807, art. 29.

1. — Sommation à l'acquéreur de se trouver à l'heure indiquée à la Caisse des consignations, pour verser les intérêts exigibles de son prix. 5 60

Décret de 1807; arg. art. 60.

2. — Procès-verbal constatant le défaut de consignation.

Original. 5 »
Pas de copie. . . . . » »
Timbre, enregistrement et décimes. . . . . *Mémoire.*

3. — Assignation de l'acquéreur à l'audience des saisies immobilières, pour voir autoriser la poursuite de folle-enchère 5 60

Cette manière de procéder semble préférable à celle qui consisterait à demander la délivrance d'une 2° grosse du jugement d'adjudication, conformément à l'article 844, Procédure civile.

Cette grosse est inutile au poursuivant qui demande, non l'exécution, mais plutôt l'annulation du jugement d'adjudication, et qui aura un titre suffisant dans le jugement de l'audience des saisies.

4. — Placet . . . . 2 »

5. — Mise au rôle. 2 10

6. — Réponse à la défense, s'il y a contestation.

Simple acte d'avoué. 1 60

Décret de 1807; arg. art. 67.

7. — Obtention du jugement, suivant l'importance de l'immeuble . . . . *Mémoire.*

Idem.

8. — Qualités.

Original, le quart du droit d'obtention de jugement. . *Mémoire.*
Copie, le quart de l'original. . . . . *Mémoire.*
Timbre . . . . » 70
Enregistrement, signification et décimes. . . . . . . » 90

9. — Coût de la grosse du jugement. . . . . *Mémoire.*

10. — Signification à avoué.

Comme en matière de surenchère.
Copie du jugement, par rôle. . . . . » 30
Il n'y a pas lieu de signifier ce jugement à domicile
  (art. 731, Proc. civ.)

Le reste comme aux articles 12, 14 et 14 du n° 1ᵉʳ qui précède; et les formalités de vente, comme en matière de licitation.

Le fol-enchérisseur ne peut jamais faire admettre en taxe ses frais de présence à la vente.

N° 3.

NOTIFICATIONS.

§ Ier.

Notifications aux créanciers inscrits, lorsqu'il n'y a pas eu de surenchère.

1. — Coût de la portion de l'état qui reste à la charge du vendeur . . . . *Mémoire.*

Ces frais consistent dans : 1 franc par chaque inscription, non comprise celle d'office, et dans le coût du papier timbré de à l'état, l'exception de la portion contenant l'inscription d'office. Tout le surplus, y compris la vacation à requérir l'état, la vacation à la transcription, et le coût de cette transcription, est à la charge de l'acquéreur.

Décret de 1807; arg. art. 70.

2. — Dénonciation de l'état d'inscriptions à l'avoué qui a poursuivi la vente, avec sommation à son client de rapporter les les main-levées.

Original.	1	»
Copie.	»	25
Enregistrement et décimes	»	60
Signification.	»	30
Copie de pièce par rôle de 600 syllabes	»	30
Timbre, évalué à raison de 8 rôles par feuille simple . . .	»	*Mémoire.*

Décret de 1807, art. 72.

Décret de 1807, art. 76, § 17.

3. — Requête pour faire commettre un huissier (art. 832, Proc. civ.) contenant constitution d'avoué.

Ordonnance de 1841, art. 8.

Présentation de la requête et obtention de l'ordonnance.	2	»
Timbre	»	35
Enregistrement de l'ordonnance et décimes	3	60
	5	95

Décret de 1807, art. 143.

4. — Extrait de l'acte de revente contenant uniquement les énonciations prescrites par l'article, 2183 du Code Napoléon.

Composition de l'extrait, ...	15	»
Par chaque inscription ou mention de subrogation. .	1	»
Timbre, enregistrement et décimes.		*Mémoire.*

Décret de 1807, art. 29, § 61.

5. — Notification tant de l'extrait de l'acte de vente que du tableau des inscriptions et des requête et ordonnance pour commission d'huissier.

Original.	2	»
Par chaque copie.	»	50
Enregistrement par chaque créancier et décimes. . .	2	40
Copie de pièce, par rôle de 600 syllabes, évalué	»	30
Timbre, à proportion du nombre de rôles		*Mémoire.*

Transport, s'il y a lieu, d'après le tableau des distances entre communes, approuvé le 14 juillet 1852. . . . *Mémoire.*

V. l'art. 5 de l'instance en partage.

V. sur les domiciles élus l'art. 13 de la poursuite de saisie immobilière.

6. — Timbre de l'état de frais. . . . . *Mémoire.*

§ II.

Notifications pour la purge des hypothèques légales.

Décret de 1807; arg., art. 89.

1. — Copie collationnée du titre d'acquisition, si le titre est un jugement, par chaque rôle d'expédition. . . . . » 30

Décret de 1807, art. 72.

Si c'est un acte notarié, qui doit contenir par rôle 750 syllabes, il faut, pour calculer le nombre des rôles de 600 syllabes dûs à l'avoué pour la copie, ajouter un quart au nombre des rôles de la grosse.

Si le titre n'est pas représenté, on peut compter sur 8 rôles par chaque feuille simple du papier timbré employé.

Décret de 1807; arg., art. 143.
Avis de la Comm. du 14 juil. 1852

2. — Vacation à l'examen et au dépouillement du titre. » 15

Décret de 1807; arg., art. 91.

3. — Vacation à déposer la copie au greffe. . . . . 3 »

Décret du 24 mai 1854.

4. — Coût de l'acte de dépôt et de son expédition. . . *Mémoire.*

Décret de 1807, art. 29.

5. — Notification de l'acte de dépôt, tant aux femmes et tuteurs connus qu'au ministère public.

Original. 2 »

Par copie.. » 50

Décret de 1807; arg., art. 72.

Copie de l'acte de dépôt, par rôle de 600 syllabes. . . » 30

Timbre, enregistrement et décimes.. . . . . *Mémoire.*

Visa au parquet. . . . . 1 »

Décret de 1807; arg., art. 104.

6. — Rédaction de l'extrait à insérer au journal judiciaire . . . . 2 »

Décret de 1807; arg., art. 105.

7. — Vacation à le faire insérer. . . . . 2 »

Décret de 1807; arg., art. 105.

8. — Vacation à faire légaliser la signature de l'imprimeur . . . . 2 »

9. — Coût de l'insertion, d'après la quittance du journal qui comprend ordinairement le coût de l'enregistrement de l'exemplaire légalisé. . . . . *Mémoire.*

Décret de 1807; arg, art. 91.

10. — Vacation à requérir expédition de l'acte constatant l'exposition de l'extrait du titre. . . . . 3 »

11. — Coût de l'expédition. . . . . *Mémoire.*

Décret de 1807; arg., art. 107.

12. — Vacation au bureau des hypothèques à l'effet de requérir et retirer le certificat négatif d'inscription. . . . . 6 »

13. — Coût dudit certificat. . . . . *Mémoire.*

14. — Timbre de l'état . . . . *Mémoire.*

Nº 4.

PROCÉDURES DE CONTRIBUTION ET D'ORDRE.

§ Iᵉʳ.

Contribution entre créanciers chirographaires.

FRAIS DU POURSUIVANT.

Toutes les fois qu'il s'agit de distribuer le prix d'une vente mobilière, l'avoué poursuivant doit, avant de présenter requête au juge commissaire, inviter l'officier public qui a procédé à la vente à justifier de la taxe du Président du Tribunal ou du juge par lui délégué, fixant le montant des frais privilégiés susceptibles d'être prélevés avant la consigation (art. 657, Proc. civ. et loi du 18 juin 1843).

Si l'ouverture de la contribution se trouve retardée par l'absence de cette taxe, le procès-verbal doit constater la cause du retard, pour en rendre responsable, s'il y a lieu, celui qui l'a occasionné.

Décret de 1807, art. 91, § 15.

1. — Réquisition à la Caisse des dépôts et consignations du certificat des sommes consignées et de l'état des oppositions.

Vacation. . . . . 3 »

Timbre desdits états. . . . . *Mémoire.*

2. — Réquisition au greffe de la nomination d'un juge commissaire.

Décret de 1807, art. 95.

Décret du 24 mai 1854, art. 1, § 7, et 14, art. 2, § 2 et 3.

Vacation. . . . . 5 »

Droit du greffier, pour l'acte de réquisition. 1 50

Timbre du registre. . . . . » 40

Timbre et mention sur le répertoire. . . . . » 25

Décret de 1807, art. 96.

3. — Requête pour obtenir l'autorisation de sommer les créanciers opposants et la partie saisie.

Rédaction et présentation de la requête et retrait de l'ordonnance. . . . . 3 »

Timbre. . . . . » 35

4. — Timbre du procès-verbal d'ouverture. 1 25

Décret de 1807, art. 91.

5. — Vacation à faire viser à la caisse l'état des oppositions, après l'ouverture du procès-verbal. . . . . . . 3 »

6. — Coût de l'expédition des requête et ordonnance, et de l'enregistrement de l'ordonnance. . . . . *Mémoire.*

Décret de 1807, art. 29, § 45.

7. — Sommation faite par l'huissier commis, tant à la partie saisie qu'aux créanciers opposants, aux domiciles élus dans leurs oppositions, avec copie des requêtes et ordonnances.

Original. . . . . 2 »
Par chaque copie . . . . » 50
Enregistrement, par chaque partie ayant un intérêt
distinct, et décimes. 2 40
Timbre. *Mémoire.*
Copie de pièce, par rôle de 600 syllabes . . . . » 30

Décret de 1807, art. 97.

8. — Production, tant pour la créance du poursuivant que pour les frais de poursuite.

Rédaction et dépôt de la requête de production. . . . 10 »
Enregistrement et décimes. 1 20
Timbre . . . . *Mémoire.*

9. — Sommation au plus ancien avoué des créanciers opposants et à celui de la partie saisie, pour faire statuer sur le privilége du propriétaire locateur.

Original . . . . 1 »
Par copie. . . . . » 25
Enregistrement et décimes. . . . . » 60
Signification. . . . . » 30

Décret de 1807. art. 29.

10· — Sommation au domicile de la partie saisie, si elle n'a pas d'avoué. 5 60

11. — Vacation au référé devant le juge commissaire.

Décret de 1807, art. 98.

S'il est contradictoire. . . . . 5 »
S'il est par défaut. . . . . 3 »

12. — Enregistrement de l'ordonnance et décimes. . . . 3 60

13. — Coût de l'expédition de l'ordonnance qui ne doit pas comprendre le dire qui aurait pu être fait sur le procès-verbal . . . . *Mémoire.*

Arrêt de rejet du 21 fév. 1854.

14. — Signification de l'ordonnance à avoué seulement, si la partie saisie en a un (art. 669, Proc. civ.).

Signification, enregistrement et décimes :
Par copie. . . . . » 90
Au domicile de la partie saisie, si elle n'a pas d'avoué :
Original. 2 »
Par copie. . . . . » 50
Enregistrement et décimes 2 40
Par chaque rôle d'expédition. . . . . » 30

Décret de 1807, art. 89.

Timbre . . . . *Mémoire.*

15. — Coût de la transcription du règlement provisoire, par rôle

contenant trente lignes par page, et quinze syllabes par
ligne. . . . . » 75
Papier timbré. . . . . *Mémoire.*

Avis de la Commission des
offic. minist. du 12 mars 1852. **16.** — Copie du règlement sur papier libre, à partir de l'établisse-
ment de la somme à distribuer, pour être communiquée aux
avoués.
Par rôle de 900 syllabes, comme ceux de la minute. . . * 50

17. — Vacation à prendre communication du règlement provisoire,
et à contredire, s'il y a lieu.
Décret de 1807, art. 100. Pour la créance du poursuivant. . . . . 5 *
Par chaque production autre que celle du poursuivant. 2 50

18. — Dénonciation de la clôture du procès-verbal aux avoués
produisants, avec sommation d'en prendre communication.
Décret de 1807, art. 99. Original. . . . . 1 »
Par chaque copie. . . . . * 25
Enregistrement et décimes, par chaque avoué. . . . . » 60
Signification, par chaque copie remise. . . . . » 30

19. — Semblable dénonciation au domicile de la partie saisie, si
elle n'a pas d'avoué. 5 60

20. — Copie sur papier libre des dires de contestations, comme
à l'art. 16 qui précède. . . . . *Mémoire.*

21. — Rédaction du placet. . . . . *Mémoire.*
Et la suite, pour le jugement des contestations, suivant que
l'affaire est sommaire ou ordinaire, mais sur un simple acte
Décret de 1807, art. 101. d'avoué à avoué. (666, Proc. civ.)

22. — Signification du jugement à avoués.
Il ne doit jamais être signifié à domicile, si ce n'est à la partie
saisie, lorsqu'elle n'a pas d'avoué. (art. 667 et 669, Proc. civ.)

23. — Certificat de non-opposition ni appel. 9 35
(V. le détail à la fin de l'instance en partage).

Décret de 1807, art. 91. **24.** — Vacation à faire calculer les intérêts produits par la somme
consignée et à faire viser de nouveau l'état des op-
positions. . . . . 3 »

25. — Coût de la transcription du règlement définitif.
Comme à l'article 15 qui précède. . . . . *Mémoire.*

26. — Enregistrement du procès-verbal: 50 c. par 100 fr, sur la
somme à distribuer fixée en principal et intérêts par le règlement définitif; plus 1 fr. 50 c. par production.

27. — Droits du greffier.

Déc. du 24 mai 1854, art. 1, § 6.

Pour communication du procès-verbal :

Si la somme à distribuer n'excède pas 10,000 fr. . . . . 5 »

Si elle dépasse ce chiffre. . . . . 10 »

Déc. du 24 mai 1854, art. 3, § 3.

Par chaque production. . . . . » 15

Idem. art. 1, § 14; art. 3, § 3.

Par chaque règlement et renvoi à l'audience. . . . . » 25

Décret du 24 mai 1804, art. 1, § 7

Par chaque dire de contestation ou désistement. . . . 1 50

Décret de 1807, art. 101.

28. — Vacation à requérir le mandement de collocation et à affirmer la créance. . . . . 2 »

Timbre de la minute. . . . . *Mémoire.*

29. — Coût du mandement de collocation, qui n'est évalué dans l'état de frais que pour les créances privilégiées et seulement lorsqu'il y a nécessité de fixer la somme restant à répartir par contribution.

Déc. du 12 juill. 1808, art. 1, § 2.

Droit de rédaction et de transcription, par 100 fr., du montant de la créance colloquée, y comprise la remise du greffier. . . . . » 25

Dixième en sus. . . . . » 02 1/2

Loi du 6 prairial an vii.

Décime temporaire. . . . . » 02 1/2

Loi du 14 juillet 1855.

Droits du greffier, par chaque bordereau. . . . . . . 2 »

Si le montant du bordereau s'élève à 3,000 fr. . . . 3 »

Décret du 24 mai 1854, art. 1, § 4.

Mention au répertoire et timbre. . . . . » 25

Enregistrement et décimes. 3 60

Droit d'expédition par rôle, y comprise la remise du greffier. 1 25

Loi du 21 ventôse an vii, art. 8 et 19.

Dixième en sus. . . . . » 12 1/2

Décime temporaire. . . . . » 12 1/2

Timbre de l'expédition. . . . . *Mémoire.*

Aucun bordereau ne doit être signifié à la Caisse des consignations, qui paie sur le dépôt d'un extrait du règlement définitif.

30. — Extrait du règlement pour la caisse. . . . . . *Mémoire.*

État de frais, par chaque article, si l'instance n'a pas été sommaire. . . . . » 10

Timbre. . . . . *Mémoire.*

Chaque créancier colloqué pour un dividende a droit, proportionnellement au montant intégral de sa collocation, aux intérêts de la somme consignée due par la Caisse des dépôts et consignations, depuis le jour auquel ils ont été calculés dans le règlement définitif jusqu'au jour du paiement effectif.

Arrêt de rejet du 14 avril 1836.

Cette Caisse ne peut exiger de quittances notariées.

Elle est dans l'usage de se contenter de simples quittances ad-

ministratives, comme dans tous les cas de retrait, soit de dépôts volontaires, soit de consignations, autres que celles de
prix d'immeubles, dont l'attribution a été faite par justice.

2° Frais de chaque créancier produisant a la contribution.

1. — Requête de production, outre le timbre 11 20
(Voir le détail à l'article 8 qui précède.)

2. — Vacation à prendre communication du règlement provisoire, et à contredire, s'il y a lieu. . . . . 5 »

3. — Conclusions posées sur les contestations, suivant que l'instance est sommaire ou ordinaire. . . . . 2 ou 3
Et la suite, selon la nature de l'instance.

4. — Vacation pour requérir le mandement de collocation, être
présent à l'affirmation de la créance et signer le procès-
verbal. . . . . 2 »

5. — Coût dudit mandement. . . . . *Mémoire.*
(Voir à l'article 29 du n° 1.)

6. — État. . . . . *Mémoire*

Décret de 1807, art. 97. (margin, art. 1)
Décret de 1807, art. 100. (margin, art. 2)
Décret de 1807, art. 101. (margin, art. 4)

§ II.

Ordre entre créanciers hypothécaires.

1° Frais du Poursuivant.

1. — Vacation à requérir, au bureau des hypothèques, l'état des
inscriptions.
Droit de réquisition . . . . 6 »
Frais de voyage à Sceaux ou à St-Denis, s'il y a lieu. . 2 »
Ou frais de bureau de correspondance, d'après quit-
tance . . . . *Mémoire.*

2. — Coût de l'état d'inscriptions. . . . . *Mémoire.*
Si c'est l'acquéreur qui poursuit l'ordre, la partie de l'état
d'inscriptions, que doit supporter le vendeur, lui est rem-
boursée avec ses frais de notifications ou d'offres réelles,
et cet article doit être supprimé.

3. — Réquisition au greffe de la nomination d'un juge-commis-
saire.
Vacation. . . . . 6 »
Droits du greffier, comme pour une contribution . . . *Mémoire.*

Décret de 1807, art. 131, § 2. (margin)
Décret de 1807, art. 130. (margin, art. 3)

Décret de 1807, art. 131, § 1.

4. — Requête pour obtenir l'autorisation de sommer le vendeur et les créanciers inscrits, aux domiciles élus dans leurs inscriptions, ainsi que l'acquéreur, si ce n'est pas lui qui poursuit l'ordre.

Comme en matière de contribution. . . . . *Mémoire.*

5. — Timbre du procès-verbal d'ouverture d'ordre.　1　25

6. — Coût de l'expédition des requête et ordonnance, et de l'enregistrement de l'ordonnance. . . . . *Mémoire.*

Avis de la Commission du 12 mars 1852.

7. — Copie figurée de l'état d'inscriptions, pour être communiquée aux avoués produisants.

Par chaque rôle de l'état délivré par le conservateur.　»　60

8. — Sommation au vendeur, aux créanciers inscrits et à l'acquéreur, s'ils ont des avoués constitués.

Décret de 1807, art. 132.

Original. . . . . 1　»
Par chaque copie. . . . . »　25
Enregistrement et décimes, par chaque avoué. . . . »　60
Signification, par chaque copie. . . . . »　30
S'ils n'ont pas d'avoué.

Décret de 1807, art. 29.

Original. . . . . 2　»
Par chaque copie. . . . . »　50
Enregistrement et décimes, par chaque partie ayant un intérêt différent. . . . . 2　40
Transport, s'il y a lieu, d'après le tableau des distances entre les différentes communes, approuvé le 14 juillet 1852. . . . . *Mémoire.*
Timbre . . . . *Mémoire.*

(V. l'article 5 de l'instance en partage.)

(V. sur les domiciles élus, l'article 13 de la poursuite de saisie immobilière.

Décret de 1807, art. 133.

9. — Production tant pour les frais de poursuite que pour la créance du poursuivant.

Rédaction et dépôt de la requête . . . . 20　»
Enregistrement et décimes. . . . . 1　20
Timbre . . . . *Mémoire.*

10. — Transcription sur timbre, et copie sur papier libre du règlement provisoire.

Décret de 1807, art. 134.

Comme aux articles 15 et 16 du § Ier. . . . . *Mémoire.*

11. — Dénonciation à avoués de la clôture du règlement provisoire.

Original. . . . . 3　»
Par chaque copie. . . . . »　75
Enregistrement et décimes, par chaque avoué . . . . »　60
Signification, par chaque copie. . . . . »　30
Timbre. . . . . *Mémoire.*

Décret de 1807, art. 29.

12. — Dénonciation au vendeur, ou à l'acquéreur, s'il n'a pas d'avoué 5 60

Décret de 1807, art. 136.

13. — Dénonciation des productions tardives.
Comme aux deux articles qui précèdent. . . . *Mémoire.*

Décret de 1807, art. 135.
Avis de la Commission du 20 avril 1853.

14. — Vacation à prendre communication des règlements provisoires, quel qu'en soit le nombre, et à contredire, s'il y a lieu.
Pour la créance du poursuivant. . . . . » 10
Pour chaque production autre que celle du poursuivant. 5 »

15. — Transcription sur le procès-verbal du règlement provisoire supplémentaire et copie sur papier libre, tant de ce règlement que des dires de contestations, s'il y en a.
Comme aux articles 15 et 16 du § 1er. . . . . . . *Mémoire.*

V. arrêts de rejet du 2 déc. 1854;
de cass. des 25 août 1825 et
28 août 1829.
Contrà, Paris, 9 mars 1839;
Riom, 21 janv. 1831; Lyon,
19 mai 1826; Nîmes, 8 avril
1824 et 28 juin 1852.

16. — Rédaction du placet sur les contestations. . . . . *Mémoire.*
Et la suite, comme en matière sommaire.

17. — Signification du jugement, à avoués seulement (art. 763, Proc. civ.) . . . . *Mémoire.*

18. — Certificat de non opposition ni appel 9 35

19. — Coût de la transcription du règlement définitif.
Comme à l'article 15 du § 1er. . . . . *Mémoire.*

20. — Enregistrement du procès-verbal et droits du greffier.
Comme aux articles 26 et 27 du § 1er. . . . . . . *Mémoire.*

Décret de 1807, art. 137, § 2.

21. — Vacation à requérir et se faire délivrer le mandement de collocation . . . . 5 »

22. — Coût dudit mandement. . . . . *Mémoire.*

23. — Signification du mandement, si le prix n'est pas consigné. *Mémoire.*

24. — Extraits du règlement définitif pour la caisse des dépôts et consignations, si le prix est consigné; et pour les radiations d'inscriptions hypothécaires, s'il n'y a pas eu de jugement de validité d'offres. . . . . *Mémoire.*

Décret de 1807, art. 137, § 4.

25. — Vacation à faire rayer les inscriptions. . . . . . 6 »
Voyage ou frais de correspondance, s'il y a lieu. . *Mémoire.*

26. — Coût de certificat de radiation. . . . . *Mémoire.*

27. — Certificat de non opposition ni appel pour les hypothèques 9 35

28. — Même certificat pour la Caisse des consignations, s'il y a lieu. **9 35**

29. — Timbre de l'état. . . . . *Mémoire.*

Si le prix est consigné, les paiements s'opèrent à la Caisse des consignations sur la remise d'un extrait du règlement définitif et de chaque mandement de collocation.

Lorsqu'il y a eu jugement de validité d'offres, la Caisse n'exige pour sa libération que de simples quittances administratives, à moins que quelque créancier ne soit tenu à un remploi; dans ce cas, ce créancier supporte les frais de la quittance notariée qu'il est obligé de donner pour la somme sujette à remploi.

Quand les offres n'ont pas été validées, les créanciers donnent aussi des quittances notariées, dans l'intérêt de l'acquéreur, qui en paie les frais.

Pour ces quittances qui nécessitent ordinairement un examen préalable, dans le but de constater la radiation des inscriptions hypothécaires, le désistement de toute action résolutoire, le remploi des sommes qui y sont sujettes d'après certains contrats de mariage, et quelquefois les qualités des héritiers ou cessionnaires, exerçant les droits des créanciers colloqués, les honoraires du notaire peuvent être fixés à 1/2 p. 100 jusqu'à 50,000 fr., 1/4 p. 100 de 50,000 à 200,000 fr, 1/8 p. 100 de 200,000 à 500,000 fr., 1/16 p. 100 au-delà de 500,000 fr.

Mais si aucune vérification n'a été nécessaire, ces honoraires peuvent être réduits de moitié.

Ces indications ne sont pas applicables aux quittances amiables qui nécessitent une vérification complète de l'origine de la propriété, ni à celles qui contiennent un règlement d'ordre.

2° FRAIS DE CHAQUE CRÉANCIER PRODUISANT A L'ORDRE.

Décret de 1807, art. 133.

1. — Requête de production à l'ordre, outre le timbre. . . **21 20**

Décret de 1807, art. 135.
Avis de la Commission du 20 avril 1853.

2. — Vacation à prendre communication du règlement provisoire, et, s'il y a lieu, des règlements provisoires supplémentaires, quel que soit le nombre de ces règlements. . . . . **10 »**

N° 5.

PROCÉDURE TENDANT A LA LIBÉRATION D'UN ACQUÉREUR D'IMMEUBLE.

(Article 2186 du Code Napoléon.)

1. — Signification au précédant propriétaire (ou à son avoué si la vente a été faite devant le Tribunal) de l'état d'inscriptions délivré après la quinzaine de la transcription, avec sommation de rapporter les main-levées.

Décret de 1807, art. 29.

Exploit à domicile, original et copie. 2 50

Enregistrement et décimes. 2 40

Décret de 1807, art. 70.

Acte d'avoué, original et copie. 1 25

Enregistrement, décimes et signification. . . . . . » 90

Timbre. . . . . *Mémoire.*

Décret de 1807, art. 28.

Copie de pièces, par rôle de 400 syllabes, si elle est due à l'huissier. . . . . » 25

ou par rôle de 600 syllabes, si elle est due à l'avoué . » 30

2. — Procès-verbal d'offres réelles du prix dû en principal et intérêts, et d'une somme quelconque pour les frais, s'il y en a, sauf à parfaire, d'après la taxe, à la charge par le vendeur de rapporter main-levée des inscriptions et d'accomplir les autres conditions de la vente, avec mention de sa réponse et sommation d'assister à la consignation.

Décret de 1807, art. 59.

Original. 3 »

Copie. . . . . » 75

Timbre, enregistrement et décimes. . . . . *Mémoire.*

Dans le cas où il serait constaté, soit par l'ouverture d'un ordre, soit par tout autre fait judiciairement établi que le vendeur est dans l'impossibilité de rapporter main-levée des inscriptions, le procès-verbal d'offres peut être remplacé par un simple procès-verbal de consignation, notifié tant au vendeur qu'aux créanciers inscrits (art 2186 du Code Napoléon).

Décret de 1807, art. 60.

3. — Procès-verbal de consignation.

Original. 5 »

Copie au directeur de la Caisse (et au vendeur, s'il comparaît). 1 25

Timbre, enregistrement et décimes. . . . . *Mémoire.*

Copie des procès-verbaux d'offres et de consignation, par rôle de 400 syllabes . . . . » 25

4. — Coût du récipissé délivré par la Caisse.

Timbre. . . . . » 35

Enregistrement et décimes. 2 40

5. — Notification au vendeur, s'il a fait défaut, du procès-verbal de consignation et du récépissé de la Caisse, avec sommation de retirer le prix, en remplissant les conditions imposées. Comme à l'art. 1er. . . . . *Mémoire.*

Décret de 1807, art. 27 et 28.

6. Assignation tant au vendeur qu'aux créanciers inscrits, avec notification *aux créanciers seulement* des procès-verbaux d'offres réelles et de consignation et du récépissé de la Caisse. . . . . *Mémoire.*

(**V.** à l'art. 5 de l'instance en partage).

Cette assignation ne doit pas énumérer en détail toutes les inscriptions dont la main-levée est demandée, mais seulement indiquer la date de l'état qui les contient.

Décret de 1807, art. 68.

7. — Droit de consultation. . . . . 10 »

Déc. du 30 mars 1808, art. 69.

8. — Rédaction du placet. . . . . 3 »

9. – Mise au rôle. (V. art. 8 de l'instance en partage). 5 40

Décret de 1807, art. 82.

10. — Obtention d'un jugement de défaut profit-joint contre celles des parties qui n'ont pas constitué avoué. . . . . 3 »

Ce jugement ne peut être obtenu qu'après que le placet a été visé par la chambre des avoués, et lorsqu'il n'y a pas d'ordre ouvert, ou si l'acquéreur justifie d'un motif grave pour faire prononcer sa libération avant le règlement de l'ordre.

Décret de 1807, art. 87.

11. — Qualités du jugement. 3 75

12. — Coût de la grosse. . . . . *Mémoire.*

13. — Signification du jugement au domicile des parties défaillantes, avec réassignation. Comme à l'art. 6. . . *Mémoire.*

Décret de 1807, art. 89.

Par chaque rôle de la grosse . . . . » 30

Décret de 1807, art. 70.

14. — Avenir aux avoués en cause, avec mention de la date du jugement de défaut profit-joint.

S'il n'y a qu'un avoué. 2 85

La suite, comme à l'instance en partage, art. 11 et suivants.

Aucune requête ne doit être signifiée par le demandeur, quand tous les défendeurs, sans élever de contestations, s'en rapportent à justice.

Le jugement définitif ne doit pas être rendu, comme étant sans objet, si l'ordre est susceptible d'être réglé dans un délai qui ne porte pas préjudice aux légitimes intérêts de l'acquéreur.

Ce jugement ordonne la radiation de toutes les inscriptions, sans en donner le détail, mais en précisant la date de l'état délivré par le conservateur des hypothèques ; il condamne le vendeur en tous les dépens, autorise les créanciers inscrits à employer les leurs comme accessoires de leurs créances, et l'acquéreur à prélever les siens, avec ceux des notifications, sur la somme consignée, sauf la déduction du coût de l'enregistrement du jugement, qui doit rester à sa charge, comme droit de libération, et des frais qu'il aurait dû supporter pour frais d'une quittance notariée, et qui sont ordinairement fixés à 1/2 pour 100 jusqu'à 50,000 fr ; 1/4 pour 100 de 50,000 à 200,000 fr.; 1/8 pour 100 de 200,000 à 500,000 fr.; 1/16 pour 100 au-delà de 500,000 fr.

Nᵒ 6.

DEMANDE A FIN D'AUTORISATION D'UNE FEMME MARIÉE, SOIT A ESTER EN JUSTICE, SOIT A PASSER UN ACTE.

(Art. 218 et 219 du C. Nap., et 861 du C. proc. civ.).

Décret de 1807, art. 29.
1. — Sommation au mari de donner son autorisation. : 5 60

Décret de 1807, art. 78.
2. — Requête pour faire citer à la chambre du conseil.
Rédaction de la requête 7 50
Enregistrement de l'ordonnance et décimes 3 60
Timbre . . . . » 85

Décret de 1807, art. 29.
3. — Citation au mari pour comparaître à la chambre du conseil. 5 60

4. — Placet. 2 »

5. — Coût de la mise au rôle. 2 10

Décret de 1807, art. 90.
6. — Vacation à communiquer les pièces au ministère public. 1 50
Pourvu que cette communication soit constatée par un visa sur une des pièces du dossier.

Décret de 1807; arg., art. 83.
7. — Vacations à la chambre du conseil et à l'audience. 6 »

8. — Qualités du jugement et signification à domicile.
V. la demande en partage.
Si le mari forme opposition au jugement qui a prononcé par défaut sur l'autorisation demandée, la femme ne doit signifier aucune conclusion ; ses moyens de défense doivent être exposés dans la citation nouvelle donnée au mari pour comparaître à la chambre du conseil.

Décret de 1807, art. 78.
Dans le cas d'absence déclarée ou seulement présumée du mari, il faut se pourvoir par requête devant la chambre du conseil (art. 863, Proc. civ.).

N° 7.

DEMANDE EN SÉPARATION DE BIENS.

Décret de 1807. art. 68,	**1.** — Droit de consultation	10	»

2. — Requête au Président pour obtenir l'autorisation de former la demande. (art. 865, Proc. civ.),

Décret de 1807, art. 78, § 10,

Rédaction et présentation de la requête et retrait de l'ordonnance 7 50
Timbre . . . . *Mémoire.*
Enregistrement de l'ordonnance et décimes. 3 60

Décret de 1807, art. 29.

3. — Assignation au mari, avec signifitions des requête et ordonnance.

Original et copie 2 50
Enregistrement et décimes. 2 40
Timbre . . . . *Mémoire.*

Décret de 1807, art. 72, § 2.

Copie de pièces, par rôle de 600 syllabes . . . . . . » 30

Décret de 1807, art. 52, § 28.

4. — Rédaction de l'extrait de la demande et vacation à la faire publier partout où la loi l'exige. . . . . 6 »

5. — Coût de l'acte de dépôt au greffe et de son expédition.

Déc. du 12 juill. 1808, art. 1, § 1 et loi du 21 vent. an VII, art. 19.
Loi du 6 prairial an VII.
Loi du 14 juillet 1855.

Enregistrement de l'acte de dépôt et décimes 3 60
Droit de greffe, y comprise la remise du greffier. . . . 1 25
Décime. . . . . » 12 1/2
Décime temporaire. . . . . » 12 1/2
Timbre de la minute. . . . . » 40
Droit du greffier. 1 50
Insertion de l'affiche. . . . . » 50
Répertoire, mention et timbre. . . . . » 25

Décret du 24 mai 1854.

Droit de greffe sur l'expédition en 2 rôles, y compris 30 c. par rôle pour le greffier. . . . . 2 »
Deux décimes en sus. . . . . » 20
Timbre de l'expédition. 1 25

——————
11 20
——————

Timbre de l'extrait déposé. . . . . » 35

6. — Coût du certificat d'exposition.

Enregistrement et décimes 3 60

Loi du 21 ventôse an VII.

Droit de greffe, y comprise la remise du greffier. . . . 1 25
Deux décimes en sus. . . . . » 25

Décret du 24 mai 1854.

Droit du greffier. . . . . 1 »
Timbre de la minute et du répertoire. . . . . » 55
Mention audit répertoire. . . . . » 10

7. — Coût de l'insertion dans un journal, d'après la quittance de l'imprimeur, qui comprend le coût de l'enregistrement de l'exemplaire légalisé. . . . . *Mémoire.*

8. — Vacation à faire légaliser, par le maire, la signature de l'imprimeur (art. 868, Proc. civ.). . . . . 2 »

9. — Timbre de l'extrait déposé à la chambre des avoués. » 35

10. — Coût du certificat d'exposition. 6 80

11. — Timbre de l'extrait déposé à la chambre des notaires . . . . » 35

12. — Coût du certificat d'exposition. 6 80

13. — Timbre de l'extrait déposé au greffe du Tribunal de commerce. . . . . » 35

14. — Coût du procès-verbal de dépôt.

Timbre	»	12 1/2
Enregistrement et décimes	3	60
Droit de greffe, y comprise la remise du greffier. . . .	1	25
Deux décimes en sus.	»	25
	5	22 1/2

15. — Coût du certificat d'exposition.

Timbre	»	85
Enregistrement et décimes..	1	20
Droit de greffe, y comprise la remise du greffier. . . .	1	25
Deux décimes en sus.	»	25
Rédaction du certificat.	1	»
	4	05

La suite, comme à l'instance en partage.

Puis, même publicité que pour la demande. V. ci-dessus art. 4 et suiv.,

Et, en outre, publication au Tribunal de commerce du jugement de séparation (art. 872, Proc. civ.).

Pouvoir de l'agréé, timbre, enregistrement et décimes.	2	75
Présentation	4	»
Rédaction du jugement sur la feuille d'audience.. . .	»	50
Enregistrement du jugement et décimes.	6	»
Coût du certificat, comme à l'article 15 qui précède. .	4	05
	17	30

Nº 8

DEMANDE EN SÉPARATION DE CORPS.

<table>
<tr><td>Décret de 1807, art. 68.</td><td></td></tr>
</table>

1. — Droit de consultation. . . . . .10 »

Décret de 1807, art. 79, § 3.

2. — Requête contenant sommairement les faits , présentée avec les pièces à l'appui.

   Rédaction et présentation de la requête et retrait de l'ordonnance . . . . 15 »

   Timbre. . . . . *Mémoire.*

   Enregistrement de l'ordonnance et décimes. 3 60

Décret de 1807, art. 29.

3. — Signification à l'époux défendeur des requête et ordonnance, avec citation à comparaître devant le Président.

   Original et copie. 2 50

   Enregistrement et décimes 2 40

   Timbre . . . . *Mémoire.*

   Copie de pièces, par rôle de 600 syllabes. . . . . . . » 30

L'avoué ne peut assister sa partie devant le Président (art. 877, Proc. civ.).

4. — Enregistrement de l'ordonnance portant autorisation de se pourvoir, décimes compris. 3 60

Décret de 1807, art. 29.

5. — Assignation, avec copie de cette dernière ordonnance. . . . . *Mémoire.*

La suite, comme à l'instance en partage, jusqu'après la levée et signification à avoué du jugement qui ordonne une enquête (art. 257, Proc. civ.).

Décret de 1807, art. 76, § 7.

6. — Requête au juge commissaire à fin d'indication de jour, et retrait de l'ordonnance.

   Rédaction de la requête. . . . . 2 »

   Timbre . . . . » 35

   Enregistrement et décimes. 3 60

Décret de 1807, art. 91, § 6.

7. — Vacation à signer le procès-verbal d'ouverture. . 3 »

Décret de 1807, art 29.

8. — Assignation au défendeur, avec notification des noms, professions et demeures des témoins. . . . . *Mémoire.*

Décret de 1807, art. 29.

9. — Assignation aux témoins, avec copie du dispositif du jugement, seulement en ce qui concerne les faits admis, et des requête et ordonnance (art. 260, Proc. civ.)

   Original. . . . . 2 »

   Par chaque copie. . . . . » 50

   Timbre, enregistrement et décimes. . . . . *Mémoire.*

   Transport, s'il y a lieu. . . . . *Mémoire.*

   Copie de pièces, par rôle d'expédition. . . . . » 30

   Et, pour le surplus, par rôle évalué de 600 syllabes. . » 30

<table>
<tr><td>Décret de 1807, art. 92</td><td>

10. — Vacation à l'enquête, et à la contre-enquête, par trois heures. . . . . 6 »

</td></tr>
<tr><td></td><td>

11. — Coût du procès-verbal d'enquête. . . . . *Mémoire.*

</td></tr>
<tr><td></td><td>

12. — Indemnités payées aux témoins, d'après la taxe du juge-commissaire, portée sur chaque copie qui doit être représentée quittancée par les témoins sachant signer (art. 277, Proc. civ.). *Mémoire.*

</td></tr>
<tr><td>Décret de 1807, art. 70, § 21.</td><td>

13. — Signification du procès-verbal d'enquête.
Original et une copie. 1 25
Timbre. . . . . *Mémoire.*
Signification et enregistrement. . . . . » 90
Copie de pièces, par rôle évalué de 600 syllabes. . . » 30

</td></tr>
<tr><td>Décret de 1807, art. 71.</td><td>

14. — Conclusions non grossoyées (art. 286, Proc. civ.).
Original. 5 »
Copie, le quart 1 25
Timbre. *Mémoire.*
Signification, enregistrement et décimes. . . . . . . » 90

</td></tr>
<tr><td>Décret de 1807, art. 71, § 6 et 8.</td><td>

15. — Acte contenant la justification par écrit des reproches contre les témoins, s'il y a lieu, ou l'offre de prouver les reproches non justifiés, avec désignation des témoins à entendre sur les reproches.
Original. 5 »
Copie. 1 25
Timbre, enregistrement et signification . . . . *Mémoire.*

</td></tr>
</table>

Le surplus, comme à l'instance en partage.

Publicité après le jugement, comme en matière de séparation de biens.

N° 9.

INSTANCE TENDANT A INTERDICTION OU NOMINATION D'UN CONSEIL JUDICIAIRE.

(Art. 890 du Code de procédure civile).

Décret de 1807, art. 79.

1. — Rédaction et présentation d'une requête au Président, accompagnée de pièces justificatives, énonçant les faits d'imbécillité, de démence et de fureur, ainsi que les noms des témoins, s'il y a lieu, et retrait de l'ordonnance. . 15   »
Timbre. . . . . *Mémoire.*

2. — Enregistrement de l'ordonnance, qui renvoie les pièces au ministère public et commet un juge rapporteur, décimes compris 3 60

3. — Rédaction du placet et mise au rôle. 8 40

Décret de 1807, art. 82.

4. — Obtention du jugement, rendu sur le rapport du juge-commissaire et les conclusions du ministère public, qui ordonne la convocation du conseil de famille. 3   »

Décret de 1807, art. 92.

5. — Assistance de l'avoué à la délibération du conseil de famille. 6   »

6. — Coût de l'expédition de la délibération. . . . . *Mémoire.*

7. — Signification de la délibération au défendeur, avec sommation de comparaître à la chambre du conseil pour y être interrogé.
Original et copie. 2 50
Enregistrement et décimes. 2 40
Timbre. . . . . *Mémoire.*
Copie de pièces, par chaque rôle évalué de 600 syllabes. » 30

La suite, comme à l'instance en partage, art. 11 et suivants.
Si le Tribunal ordonne une enquête. V. les articles 6 et suivants de l'instance en séparation de corps.
Les qualités du jugement définitif ne doivent jamais reproduire la délibération du conseil de famille, mais seulement indiquer la date et le sens de l'avis.

Décret de 1807, art. 92.

8. — Rédaction de l'extrait du jugement qui prononce l'interdiction ou la nomination d'un conseil, et vacation à le faire publier partout où la loi l'exige. 6   »
La suite, comme en matière de séparation de biens.

N 10.

FRAIS D'EXÉCUTION MOBILIÈRE ET PAR CORPS.

§ Ier.

Poursuite de vente mobilière.

1. — Enregistrement du jugement de condamnation. *Mémoire.*

2. — Frais d'agréé, qui ne peuvent être répétés contre le débiteur que lorsque celui-ci s'est engagé à les payer par l'acte d'acquiescement au jugement.   7   »

3. — Coût de la grosse du jugement . . . . *Mémoire.*

4. — Acte de signification du jugement, dont l'original doit être porté, autant que possible, à la suite de la grosse, et doit ordinairement comprendre le commandement, quand il n'est pas signifié dans le délai pendant lequel l'exécution est suspendue (art. 155 et 450, Proc. civ.).

Si c'est un jugement de justice de paix.

Original.	1	25
Chaque copie.	»	30
Chaque rôle	»	25

Si c'est un jugement du tribunal civil.

Original.	2	»
Chaque copie.	»	50
Chaque rôle	»	30

Si c'est un jugement du tribunal de commerce.

Par chaque rôle.	»	25

5. — Inscription hypothécaire.

Vacation à la requérir et rédaction du bordereau. . .	6	»
Frais de voyage, s'il y a lieu.	2	»
Ou frais payés au bureau de correspondance.	*Mémoire.*	

6. — Commandement tendant à saisie-exécution, quand il n'a pu être joint à la signification du jugement.

A un seul domicile	5	60

7. — Procès-verbal de saisie, avec description du mobilier.

Original et copie tant au saisi qu'au gardien, y compris 3 fr. pour les deux témoins.	8	»
Timbre	2	10
Enregistrement et décimes, double droit quand c'est un tiers qui est établi gardien	4	80
	14	90

A moins de motifs graves, c'est au saisi lui-même que la garde doit être confiée.

Décret de 1807, art. 21, § 2.

Décret de 1807, art. 22.

Décret de 1807, art. 29, § 2.

Décret de 1807, art. 89.

Décret de 1807, art. 28, § 1.

Ord. de 1841; arg., art. 7.

Décret de 1807, art. 29, § 31.

Décret de 1807, art. 31, § 1.

Quand il y a lieu à transport de l'huissier, aucune allo-
cation n'est due aux témoins, qui peuvent être
choisis au lieu même de la saisie.

Décret de 1807, art. 31, § 2.
Décret de 1807, art. 32.

Pour une seconde vacation, s'il y a lieu. . . . . . . 5 »
Vacation du commissaire de police, s'il est requis,
A Paris . . . . 5 »

Décret de 1807, art. 34.

Dans les cantons ruraux. 2 50

8. — Frais de garde.

A Paris, par chacun des douze premiers jours. 2 50
Par chacun des autres jours. . . . . 1 »
Dans les cantons ruraux, par chacun des douze premiers
jours 1 50
Par chacun des autres jours. . . . . » 80
Les frais de garde ne doivent être alloués que sur une
attestation de l'huissier, établissant que la garde a
été sérieuse et indiquant sa durée réelle.
Si le gardien est le concierge de la maison, un domes-
tique ou un voisin habitant dans les lieux, les frais
doivent être arbitrés à proportion des soins qu'à en-
traînés sa surveillance.

Décret de 1807 ; arg., art. 93.

9. — Vacation de l'huissier en référé,
S'il est contradictoire . . . . 5 »
S'il est par défaut . . . . 3 »
Pour une remise après débat contradictoire. . . . . 5 »

10. — Enregistrement de l'ordonnance et décimes. . . 3 60

11. — Signification de l'ordonnance, avec indication de vente.
Comme pour la signification de jugement du Tribunal civil (art.
4 ci-dessus).

Décret de 1807, art. 76, § 12.

12. — Requête pour obtenir l'autorisation de vendre dans les lieux.
Rédaction . . . . 2 »
Timbre . . . . » 35
Enregistrement de l'ordonnance et décimes. 3 60
                                      5 95

Décret de 1807 ; arg., art. 36.

13. — Procès-verbal de tentative de saisie, arrêtée par une oppo-
sition au jugement par défaut, ou par tout autre incident.
Original et copie . . . . 6 »
Timbre 1 05
Enregistrement et décimes. 2 40
                                      9 45

14. — Acquiescement par acte séparé.
Timbre, enregistrement et décimes. 2 75

Décret de 1807, art. 29, § 40.

15. — Signification de vente à défaut de renouvellement de l'opposition dans la forme légale.
Émoluments et déboursés. 5 60

16. — Procès-verbal d'apposition d'affiches.

Procès-verbal et timbre.	3	35
Enregistrement et décimes	2	40
Annexe et timbre.	1	35
Cinq affiches.	2	50
Timbre des affiches.	»	25
Salaire de l'afficheur.	2	»
Insertion dans un journal.	2	»
	13	85

Décret de 1807, art. 38 et 39.

17. — Affiches supplémentaires, s'il y a lieu, d'après quittance. Quand l'huissier accorde au débiteur plusieurs remises successives, ses frais de nouvelles significations de vente et appositions d'affiches ne doivent lui être alloués que si les remises sont fondées sur des motifs graves et justifiés.

La rédaction des placards appartient exclusivement à l'officier public chargé de la vente. (V. n° 10 ci-après).

Arrêt de rej. (sect. des req.), 23 mai 1852.

18. — Procès-verbal de récolement précédant la vente. 6 »

Enregistrement et décimes	2	40
Timbre.	»	70
	9	10

Décret de 1807, art. 37.

19. — Frais de transport des meubles à la salle de vente, d'après quittances . . . . *Mémoire.*

Décret de 1807, art. 38, § 1.

20 — Réquisition du commissaire-priseur. . . . . . 2 »

Décret de 1807, art. 39, § 4.

21. — Procès-verbal d'expulsion, comme ci-dessus, article 18. . . . . 9 10

Décret de 1807, arg., art. 37.

Il n'est dû à l'huissier aucun émolument pour le dressé de son état de frais.

Si l'huissier réside hors Paris, ses émoluments subissent la réduction déterminée par le tarif.

§ II.

Poursuite de contrainte par corps.

1. — Pouvoir spécial pour exercer la contrainte (art. 556, Procédure civile).

Arrêté du 24 mars 1849, art. 4.

Rédaction du pouvoir	1	»
Timbre.	»	35
Enregistrement et décimes	2	40

Arrêté du 24 mars 1849, art. 1.

2. — Commandement tendant à contrainte par corps, avec signification de jugement (art. 780, Proc. civ.).

Original et copie 2 50
Droit de copie du jugement. . . . . 2 »
Enregistrement et décimes. 2 40
Timbre . . . . *Mémoire.*

Arrêté du 24 mars 1849, art. 3.

3. — Dépôt des pièces au vérificateur. . . . . . . 3 »
(Décret du 14 mars 1808, art. 9 et suiv.).

Arrêté du 24 mars 1849, art. 3.

4. — Coût du visa, par chaque pièce. . . . . » 25

Arrêté du 24 mars 1849, art. 3.

5. — Coût du certificat constatant qu'il n'existe aucun empêchement à l'exercice de la contrainte, droit de recherche compris . . . . 2 »

Arrêté du 24 mars 1849, art. 2, § 1.

6. — Procès-verbal d'emprisonnement, y compris l'assistance de deux recors et l'écrou.

Arrestation du débiteur, lors même que l'écrou ne s'ensuivrait pas. . . . . » 40
Enregistrement du procès-verbal et décimes. . . . . 6 »
Timbre . . . . *Mémoire.*
Copie du procès-verbal d'emprisonnement et de l'écrou, le tout ensemble. . . . . 2 »
Voiture, s'il y a lieu, pour tentative de conciliation . . 8 »
Premier mois d'aliments . . . . 30 »

Ar. du 24 mars 1849, art. 2, § 3.

Vacation au référé, si le débiteur le requiert. . . . . 5 »

Ar. du 24 mars 1849, art. 2, § 2,

Vacation à requérir, s'il y a lieu, l'ordonnance du Président du tribunal civil pour la désignation d'un commissaire de police chargé d'accompagner le gardé du commerce. (L. du 26 mars 1855). . . . . . . 2 »
Enregistrement de cette ordonnance et décimes. . . . 3 60
Frais de garde extraordinaire, si un sursis a été ordonné, suivant la durée du sursis et les précautions qu'il a fallu prendre, ce qui doit être constaté par le procès-verbal d'arrestation . . . . *Mémoire.*

Ar. du 24 mars 1849, art. 2, § 4.

7. — Recommandation d'un débiteur déjà emprisonné. 3 »

Idem.

8. — Pour chaque copie, tant au directeur de la prison qu'au débiteur. . . . . » 75

Arrêté du 24 mars 1849, art. 7.

9. — Frais de transport, s'il y a lieu. (V. art. 5 de l'instance en partage. . . . . *Mémoire.*

Le garde du commerce doit inscrire sur la copie le coût détaillé de l'arrestation, afin que le débiteur puisse requérir la taxe sur la représentation de cette copie.

N° 11.

INSTANCE - SOMMAIRE.

(Article 404, Code de procédure civile.)

1° Frais du demandeur.

1. — Coût de l'enregistrement du titre. . . . . *Mémoire.*

Décret du 16 fév. 1807, art. 29.   **2.** — Sommation au débiteur de remplir ses obligations.   5   60

Décret du 16 fév. 1807, art. 21.   **3.** — Citation en conciliation, comme en matière ordinaire . . . . *Mémoire.*

Déc. du 16 fév. 1816, art. 27 et 28.   **4.** — Assignation avec copie de pièces, s'il y a lieu,
comme en matière ordinaire. . . . . *Mémoire.*

Décret du 30 mars 1808, art. 69.   **5.** — Placet contenant les conclusions de la demande.   2   »

6. — Mise au rôle.

L. du 21 vent. an VII, art. 3 et 19.   Droit de greffe, y compris 15 c. pour le greffier. . . .   1   50

Loi du 6 prairial an VII.   Dixième en sus. . . . .   »   15

Loi du 14 juillet 1855, art. 5.   Décime temporaire. . . . .   »   15

Décret de 1807, art. 152.   Droit d'appel de cause pour les huissiers audienciers .   »   30
____
  2   10

Décret du 24 mai 1854, art. 4.   **7.** — Bulletin de distribution. . . . .   »   10

8. — Avenir pour plaider, s'il y a un avoué constitué.   1   60

Déc. de 1807, art. 67, § 2, 3 et 4.   **9.** — Obtention d'un jugement par défaut contre partie ou avoué,
même d'un jugement de défaut profit joint, y compris les
qualités et la signification à avoué, s'il y a lieu.

« Cassation, 23 juin 1847.
« Contrà. Arrêt d'Orléans, du 2
« août 1839. »
  Quand la demande n'excède pas 1,000 fr.   7   50

  Quand elle excède 1,000 fr., jusqu'à 5,000 fr.   10   »

  Et quand elle excède 5,000 fr.   15   »

  Quand la valeur de l'objet de la contestation est indéterminée, le juge taxateur doit allouer l'une des sommes ci-dessus indiquées.

Décret de 1807, art. 67, § 16.   S'il y a plusieurs défendeurs ayant des intérêts contraires entre eux et contraires à ceux du demandeur, il
est alloué à l'avoué du demandeur un quart en sus,
pour chaque défendeur moins un.

10. — Timbre des qualités. . . . . *Mémoire.*

11. — Coût de la grosse du jugement. . . . . *Mémoire.*

Décret de 1807, art. 29.   **12.** — Signification à domicile, avec réassignation, si c'est un jugement de défaut profit joint.

  Original.   2   »

  Par copie . . . .   »   50

Enregistrement et décimes, par chaque partie ayant un
intérêt distinct. 2 40

Timbre, à raison d'une feuille de 35 c. par 10 rôles . . *Mémoire.*

Décret de 1807, art. 89. Copie du jugement, par rôle d'expédition . . . . . . » 30

13. — Signification à avoués, s'il y a lieu.

Enregistrement et décimes, par chaque avoué. . . . . » 60

Décret de 1807, art. 155. Signification, par copie . . . . » 30

Timbre et copie de pièces, comme à l'article précédent.

14. — Avenir aux avoués en cause, avec mention du jugement de
défaut profit joint.

Enregistrement et signification, par chaque copie. . . . » 90

Timbre, original et copies . . . . *Mémoire.*

15. — Acte d'avoué tendant à débouté de l'opposition formée au
jugement par défaut.

Original et une copie.. . . . . 1 60

16. — Requête contenant les faits, pour avoir permission de faire
interroger les défendeurs sur faits et articles (article 325,
Proc. civ.).

Timbre. *Mémoire.*

Décret de 1807, art. 67, § 11. **17.** — Obtention du jugement qui ordonne l'interrogatoire, suivant
l'importance de la demande. 7 fr. 50—10 fr. ou 15 »

18. — Requête présentée au juge-commissaire pour indication du
jour de l'interrogatoire.

Timbre. » 35

Enregistrement et décimes. 3 60
————
3 95

Décret de 1807, art. 29. **19.** — Signification au domicile de la partie qui doit subir interrogatoire, tant du jugement que de l'ordonnance d'indication
de jour.

Original. 2 »

Par chaque copie. . . . . » 50

Enregistrement et décimes, par chaque partie. 2 40

Timbre. *Mémoire.*

20. — Coût de l'expédition du procès-verbal d'interrogatoire. *Mémoire.*

21. — Signification à avoué dudit procès-verbal.

Timbre. *Mémoire.*

Enregistrement et décimes, par avoué. . . . . » 60

Signification, par copie. . . . . » 30

Copie du procès-verbal, par rôle d'expédition. . . . . » 15

22. Placet sur le débouté d'opposition.

Rédaction. . . . . 2 »

Droit d'appel de cause. . . . . » 30

Décret de 1807, art. 67, § 8.

23. — Obtention d'un jugement contradictoire ordonnant une enquête ou toute autre mesure préparatoire ou interlocutoire, pourvu qu'il soit suivi d'un autre jugement contradictoire ou définitif, suivant l'importance de la demande, ci . . . . 7 fr. 50—10 f r. ou 15 »

Décret de 1807, art. 67, § 12.

24. — Qualités du jugement.

Original, le quart du droit d'obtention de jugement . . *Mémoire.*
Chaque copie, le quart de l'original.
Timbre . . . . *Mémoire.*
Enregistrement et siguification, par chaque avoué. . . » 90

Arrêts de cassation : 6 juin 1837, 1er mars 1841, 17 janvier 1842, 1er mars 1854. — Douai, 8 mars 1844.
Contrà.Bourges, 20 janv. 1855.

Arrêts de cassation : « 7 janvier « 1834 ; rejet , 17 janvier 1842. « — Poitiers. 6 janvier 1852; «Nîmes, 25 juillet 1853. «Contrà. Bourges, 30 août 1827, « et Douai, 16 juillet 1828, 26 « janvier 1843 et 8 mars 1844.»

25. — Frais de correspondance sur la justification des déboursés . . . . *Mémoire.*

26. — Coût de la grosse du jugement. . . . . *Mémoire.*

27. — Signification à avoués (art. 257, Proc. civ.).

Enregistrement et signification, par avoué. . . . . . » 90
Timbre . . . . *Mémoire.*
Par chaque rôle d'expédition . . . . » 30

Décret de 1807, art. 89.

Décret de 1807, art. 29.

28. — Signification au défendeur, au domicile de son avoué, des noms, professions et demeures des témoins, avec assignation à l'audience fixée par le jugement. 5 60

Décret de 1807, art. 29.

29. — Assignation aux témoins, avec copie du dispositif du jugement, seulement en ce qui concerne les faits admis et la fixation des jour et heure de l'enquête.

Original. . . . . 2 »
Par copie . . . . » 50
Enregistrement et décimes, par témoin. 2 40
Copie de pièces, par rôle d'expédition. . . . . » 30
Timbre . . . . *Mémoire.*

30. — Coût du procès-verbal d'enquête, si le jugement est susceptible d'appel (art. 411, Proc. civ.). . . . . . *Mémoire.*

31. — Signification dudit procès-verbal, avec conclusions à avoués.

Enregistrement et décimes, par chaque avoué. . . . . » 60
Signification, par chaque copie . . . . » 30
Timbre . . . . *Mémoire.*
Par chaque rôle d'expédition. . . . . » 15

Décret de 1807, art. 67, § 9.

32. — Placet et appel de cause. 2 30

Décret de 1807, art. 67, § 8.

33. — Obtention du jugement contradictoire ordonnant une expertise, pourvu qu'il soit suivi d'un autre jugement contradictoire ou définitif.

Suivant l'importance de la demande, 7 fr. 50 c., 10 fr. ou 15 »

V les arrêts précités , art. 25.

34. — Frais de correspondance sur la justification des déboursés. . . . . *Mémoire.*

35. — Qualités du jugement, coût de la grosse et signification à
avoués, comme aux articles 24, 26 et 27 qui précèdent.

 36. — Signification à domiciles.

Original. . . . . 2 »
Par copie. . . . . » 50
Enregistrement et décimes, par chaque partie, ayant
    un intérêt distinct. 2 40
Timbre . . . . *Mémoire.*
Par chaque rôle d'expédition. . . . . » 30

37. — Requête au juge-commissaire afin d'indication de jour pour
la prestation de serment.

Timbre. . . . . » 35
Enregistrement de l'ordonnance et décimes. 3 60
                                                   ____
                                                   3 95

38. — Sommation, par acte d'avoué, aux parties non présentes ni
représentées à la prestation de serment, d'assister à l'expertise.

Enregistrement et signification, par chaque avoué. . . . » 90
Timbre . . . . *Mémoire.*

39. — Coût de la minute du rapport, d'après la taxe, qui doit comprendre les honoraires et les déboursés. . . . . *Mémoire.*

V. A l'instance en partage et licitation.

Le rapport ne doit être expédié qu'après le visa du Président ou
du juge chargé de la taxe.

 40. — Coût de l'acte de dépôt. 7 25
Voir le détail à la vente sur licitation.

41. — Coût de l'expédition, qui ne doit contenir ni les motifs du
jugement, ni les dires des parties. . . . . *Mémoire.*

42. — Signification à avoués, du rapport d'expert, avec conclusions.

Comme à l'article 31 qui précède.

43. — Placet et appel de cause. 2 30

 44. — Obtention du jugement sur le fond, soit contradictoire, soit
de débouté d'opposition.

Quand la demande n'excède pas 1,000 fr. . . . . 15 »
Quand elle excède 1,000 fr. jusqu'à 5,000 fr. . . . . 20 »
Quand elle excède 5,000 fr. . . . . 30 »

 45. — Qualités du jugement.

Comme à l'art. 24 qui précède. . . . . *Mémoire.*

46. — Avenir en règlement de qualités, s'il y a opposition.

Signification et enregistrement, par chaque copie. . . . » 90
Timbre. . . . . *Mémoire.*

47. — Coût de la grosse du jugement. . . . . *Mémoire.*

48. — Signification à avoués, comme à l'art. 27. . . . . *Mémoire.*

49. — Signification à domiciles, comme à l'art. 36. . . *Mémoire.*

<table>
<tr><td>Décrets de 1807, art. 90, et du 24 mai 1854.</td><td>

50. — Certificat de non-opposition ni appel. 9 35

Voir le détail au cas d'homologation de liquidation.

</td></tr>
</table>

50. — Certificat de non-opposition ni appel. 9 35

Voir le détail au cas d'homologation de liquidation.

51. — Frais de correspondance, sur la justification des déboursés. . . . . *Mémoire.*

Décret de 1807, art. 146. Arrêts de Bourges, du 30 août 1827, et d'Orléans, du 2 août 1839.

52. — Frais de voyage de la partie qui a affirmé au greffe s'être
déplacée dans la seule vue du procès.

Par chaque myriamètre de distance entre son domicile et le tribunal . . . . 3 »

Sans vacation pour l'avoué

53. — Timbre de l'état de frais. . . . . *Mémoire.*

2° Frais de chaque défendeur.

1. — Constitution d'avoué. 1 60

2. — Bulletin de distribution. . . . . » 10

3. — Conclusions exceptionnelles jointes au placet. . 2 »

4. — Sommation à avoué de communiquer les pièces. 1 60

5. — Conclusions posées à l'audience tendant à une mesure préparatoire ou interlocutoire. . . . . 2 »

6. — Conclusions d'opposition à un jugement par dé=
faut. 1 60

7. — Obtention d'un jugement contradictoire ordonnant une
mesure préparatoire ou interlocutoire.

Voir les articles 23 et 33 du § Iᵉʳ. . . . . *Mémoire.*

8. — Conclusions sur le fond jointes au placet. . . . 2 »

9. — Bulletin de remise, chacun. . . . . » 10

10. — Obtention du jugement définitif.

Comme à l'art. 44 du § Iᵉʳ. . . . . *Mémoire.*

11. — Frais de correspondance, sur la justification des
déboursés. . . . . *Mémoire.*

Le reste, comme au § Iᵉʳ,

Nº 12.

VENTES DE MEUBLES.

§ Ier.

Commissaires-priseurs.

Loi du 18 juin 1843, art. 1er.	**1.** — Droit de prisée, par vacation de trois heures . 6 »
Idem.	**2.** — Assistance aux référés, par chaque vacation. . . 5 »
Idem.	**3.** — Placards.

Rédaction de l'original.   1   »
Par chaque copie . . . .   » 50
Timbre. . . . . *Mémoire.*
Salaire de l'afficheur. . . . . *Mémoire.*
On ne doit point allouer de droit de copie quand les placards ont été imprimés.

L. du 22 pluviose an VII, art. 3.

4. — Déclaration au bureau de l'enregistrement.

Le timbre seulement. . . . .   » 35

5. — Annonces dans le *Moniteur des Ventes.*

D'après la quittance de l'imprimeur. . . . . *Mémoire.*
On peut allouer les frais de plusieurs annonces, si le mobilier à vendre est important.
Les frais d'insertion dans d'autres journaux ne doivent être passés en taxe que dans des circonstances exceptionnelles.

Décret de 1807; arg., art. 38.

6. — Frais d'impression et de distribution d'affiches à la main.

D'après la quittance de l'imprimeur et de l'afficheur.
Ils ne sont alloués que s'il s'agit de la vente d'un mobilier d'une grande valeur ou d'objets d'une nature spéciale. . . . . *Mémoire.*

Loi du 18 juin 1843, art. 1er.

7. — Vacation à préparer les objets mis en vente.

Par chaque vacation de trois heures   6   »
Cet émolument n'est alloué que quand le produit de la vente s'est élevé à 3,000 fr., et qu'il est constaté par le procès-verbal que les parties ont requis la préparation.

8. — Salaires de chaque homme de peine employé pour préparer les objets.

A raison de 5 fr. par jour. . . . . *Mémoire.*

9. — Location de la salle, si la vente se fait à l'hôtel des commissaires-priseurs, selon le tarif adopté par la chambre. *Mémoire.*

10. — Frais de transport du mobilier, si la vente n'est pas faite dans les lieux où il se trouve.

D'après les quittances et le tarif de la chambre. . . *Mémoire.*

Loi du 18 juin 1843, art. 1er.   **11.** — Assistance à l'essai et au poinçonnage des objets d'or et d'argent. 6   »

Loi du 18 juin 1843, art. 1er.   **12.** — Honoraires du commissaire-priseur.
6 pour 100 sur le produit de la vente. . . . . *Mémoire.*

Loi du 18 juin 1843, art. 3.   Cette remise proportionnelle est l'indemnité de tous les soins que le commissaire-priseur donne à la vente. En conséquence, il n'a droit à aucun autre émolument, à quelque titre et sous quelque dénomination que ce soit ; par exemple, pour relevé d'inventaire, déclaration au bureau de l'enregistrement, rédaction de la décharge donnée au gardien, etc., sans préjudice toutefois des perceptions expressément autorisées par la loi du 18 juin 1843.

Il ne peut rien réclamer pour l'assistance du clerc à qui il confie une partie du travail dont il est personnellement chargé.

Le droit de 6 pour 100 doit être calculé seulement sur le prix principal, auquel il ne faut pas ajouter les 5 ou les 10 pour 100 que le cahier des charges oblige ordinairement les acheteurs de payer en sus, et qui ne peuvent être considérés que comme le remboursement des frais de vente.

13. — Salaires des hommes de peine employés pendant la vente, à raison de 5 fr. par jour pour chacun. . . . . . *Mémoire.*

14. — Timbre et enregistrement du procès-verbal de vente. . . . . *mémoire.*

Loi du 18 juin 1843, art. 1er.   **15.** — Vacation à payer les contributions. 4   »

Idem.   **16.** — Vacation à consigner à la Caisse, s'il y a lieu. . . 6   »

Idem.   **17.** — Expédition ou extrait du procès-verbal, lesquels ne doivent être délivrés que s'ils sont requis.
Par rôle de 25 lignes à la page et de 15 syllabes à la ligne. 1   50
Timbre . . . . *Mémoire.*

18. — Décharge au gardien, timbre et enregistrement . *Mémoire.*

19. — Timbre de l'état de frais. . . . . » 35

§ II.

Notaires et Greffiers.

Loi du 28 avril 1816, art. 89.   **1.** — Les notaires et greffiers qui procèdent à une vente de meubles n'ont pas droit à la remise proportionnelle allouée aux commissaires-priseurs.
Arrêt de cass., du 18 juin 1853.

Loi du 18 sept. 1793, art. 3.   Leurs émoluments doivent être taxés à raison du temps qu'ils ont employé à préparer et effectuer la vente et à remplir les formalités prescrites par la loi.

Par chaque vacation de trois heures. . . . .   » 3

2. — Expédition du procès-verbal, si les parties la requièrent.

Par chaque rôle contenant 25 lignes à la page et 10 à
12 syllabes à la ligne. . . . . , . . .   » 40

Timbre . . . . *Mémoire.*

3. — Insertion dans un ou plusieurs journaux, s'il est nécessaire et suivant les circonstances (V. § 1er, art. 5) . . . *Mémoire.*

4. — Les articles 3, 4, 6, 8, 13, 14, 18, 19 du § 1er sont applicables aux notaires et aux greffiers.

5. — Frais de transport du mobilier, si la vente n'est pas faite sur les lieux.

D'après les quittances et les justifications produites. . . *Mémoire.*

6. — Vacation à faire taxer. 1 50

7. — Vacation à consigner les deniers provenant de la vente 1 50

§ III.

Huissiers.

1. — Les dispositions du § 2 concernant les notaires et les greffiers sont applicables aux huissiers qui procèdent à une vente de meubles, sauf les modifications suivantes :

2. — Par chaque vacation à la vente.   4   »

3. — Par chaque vacation employée à préparer la vente et remplir les formalités prescrites.   3   »

§ IV.

Ventes volontaires et aux enchères de fruits et récoltes pendants par racines ou de coupes de bois taillis.

1. — Pour tous droits d'honoraires sur le produit de la vente :

2 pour 100 jusqu'à 10,000 fr.

Un quart pour 100 sur l'excédant.

Si l'adjudication a lieu par lots, la remise est calculée
sur le montant des lots réunis.

Elle ne peut être inférieure à 6 fr.

Les charges accessoires du prix principal n'entrent pas
dans le calcul de la remise.

— 63 —

Elle est allouée indistinctement aux notaires, commissaires-priseurs, greffiers et huissiers.

Tarif du 5 nov. 1851, art. 1.

2. — Pour le recouvrement du prix quand les parties l'ont con-
fié à l'officier public chargé de la vente.

1 pour 100 sur le montant des sommes recouvrées. . . *Mémoire.*

Même tarif, art. 3.

3. — Expédition ou extrait du procès-verbal.

Par rôle de 25 lignes à la page et de 15 syllabes à la
ligne . . . . 1 »
Timbre . . . . *Mémoire.*

Même tarif, art. 4.

4. — Pour versement à la Caisse :

Payement des contributions.
Assistance aux référés.

A Paris . . . . 4 »
Dans la banlieue. . . . . 3 »

5. — Annonces dans un ou plusieurs journaux, s'il est nécessaire et suivant les circonstances (V. ventes de meubles,
§ 1er, art. 5.).

6. — Les articles 4, 6, 14 et 19 du même paragraphe sont applicables aux ventes de récoltes et bois taliils.

A. GUYOT et SCRIBE, Imprimeurs de l'ordre des Avocats.
rue Neuve-des-Mathurins, 18

TABLE DES MATIÈRES